Shenja Leiser

Extreme Programming im Informatik-Anfangsunterricht

Eine Unterrichtseinheit im Rahmen des Zweiten Staatsexamens

GRIN Verlag

Bibliografische Information der Deutschen Nationalbibliothek:

Die Deutsche Bibliothek verzeichnet diese Publikation in der Deutschen National-
bibliografie; detaillierte bibliografische Daten sind im Internet über http://dnb.d-
nb.de/ abrufbar.

Dieses Werk sowie alle darin enthaltenen einzelnen Beiträge und Abbildungen
sind urheberrechtlich geschützt. Jede Verwertung, die nicht ausdrücklich vom
Urheberrechtsschutz zugelassen ist, bedarf der vorherigen Zustimmung des Verla-
ges. Das gilt insbesondere für Vervielfältigungen, Bearbeitungen, Übersetzungen,
Mikroverfilmungen, Auswertungen durch Datenbanken und für die Einspeicherung
und Verarbeitung in elektronische Systeme. Alle Rechte, auch die des auszugsweisen
Nachdrucks, der fotomechanischen Wiedergabe (einschließlich Mikrokopie) sowie
der Auswertung durch Datenbanken oder ähnliche Einrichtungen, vorbehalten.

Impressum:

Copyright © 2008 GRIN Verlag GmbH
Druck und Bindung: Books on Demand GmbH, Norderstedt Germany
ISBN: 978-3-640-97256-2

GRIN - Your knowledge has value

Der GRIN Verlag publiziert seit 1998 wissenschaftliche Arbeiten von Studenten, Hochschullehrern und anderen Akademikern als eBook und gedrucktes Buch. Die Verlagswebsite www.grin.com ist die ideale Plattform zur Veröffentlichung von Hausarbeiten, Abschlussarbeiten, wissenschaftlichen Aufsätzen, Dissertationen und Fachbüchern.

Besuchen Sie uns im Internet:

http://www.grin.com/

http://www.facebook.com/grincom

http://www.twitter.com/grin_com

Adaption von Aspekten des Extreme Programming zur Steigerung der Schüleraktivität bei der Entwicklung eines Spiels mithilfe der Entwicklungsumgebung „Greenfoot"

Eine Unterrichtseinheit zur Einführung in die Programmierung im Basiskurs Informatik am Coubertin-Gymnasium

Schiftliche Prüfungsarbeit
im Rahmen der
zweiten Staatsprüfung
für das Amt des Studienrates,
vorgelegt von

Shenja Leiser

Studienreferendar
2. Schulpraktisches Seminar
Friedrichshain-Kreuzberg (S)
Berlin, 31. März 2008

Inhaltsverzeichnis

I Einleitung

Extreme Programming, was soll das denn sein? Schon im Namen steckt eine bewusste, aber ernst gemeinte Provokation. Obwohl er mittlerweile schon ein paar Jahre alt ist und viele Kinderkrankheiten überstanden hat, polarisiert nach wie vor kaum ein anderer Ansatz die Gemeinde der Softwareentwicklung so stark wie Extreme Programming (XP). Immer wieder wird seinen Hauptvertretern eine nahezu fundamentalistische Denkweise vorgeworfen. Für größere Akzeptanzprobleme vor allem im Managementbereich dürfte die Forderung flacherer Hierarchien unter stärkerer Einbeziehung der Hauptakteure (Entwickler und Programmierer) in den Gesamtprozess sorgen. XP-Projekte müssten zwangsläufig scheitern, da sie zu wenig zentral gesteuert werden! Verbirgt sich hinter diesem Argument nur die Angst vor Kontrollverlust?

Ähnlich wie mancher Manager kann der eine oder andere Lehrer dazu neigen, die Fäden des Unterrichts über die Maßen in seinen Händen halten zu wollen, mit der unbeabsichtigten Folge, Schüler in ihrer grundsätzlichen Leistungsfähigkeit auszubremsen. Die Hauptakteure im Klassenraum sind die Schüler. Und hier besteht – ohne vorgreifen zu wollen – ja gerade die Herausforderung, sie stärker einzubinden, selbstbestimmtes Handeln und damit nachhaltiges Lernen nicht nur zu ermöglichen, sondern auch einzufordern.

Die skizzierten Parallelen auf der einen und meine Sympathie zu XP auf der anderen Seite bewogen mich, darüber nachzudenken, ob man XP nicht auch für den Informatikunterricht nutzbar machen könne. Allerdings war von vornherein klar, dass XP in seiner Gänze zu vielschichtig und anspruchsvoll ist, als dass man es, ohne Abstriche zu machen, für Unterrichtsprojekte anwenden könnte. Es musste eine klare Auswahl getroffen werden.

Für diese Arbeit entstand mithin die übergeordnete Fragestellung:

Welchen Beitrag zur Steigerung der Schüleraktivität kann der Einsatz von Aspekten des Extreme Programming im Informatikunterricht leisten?

Diese Frage ist allgemein formuliert und verlangt nach Konkretisierung. Deswegen soll im Rahmen dieser Arbeit versucht werden, folgende Leitfragen zu beantworten:

L1: Welche Kriterien für Schüleraktivität können durch den Einsatz welcher XP-Vorgehensweisen erfüllt werden?

L2: Gibt es Dinge, die XP-Vorgehensweisen leisten, die von herkömmlichen unterrichtsmethodischen Verfahren aber nicht erbracht werden können?

L3: Welche Einschränkungen sind zu berücksichtigen und welche Abwandlungen sind für den Unterricht sinnvoll?

Da der Untersuchungsschwerpunkt in einer Unterrichtsreihe zur Einführung in die Programmierung zum Tragen kommen soll, schließt sich die folgende Frage an:

L4: Inwieweit ist dieser Ansatz für Programmieranfänger besonders oder weniger geeignet?

2

II Eckpunkte des Problemfeldes

II.1 Schüleraktiver Unterricht

Der reformpädagogische Ansatz vom ganzheitlichen Lehren und Lernen wurde in den 1960er und 1970er Jahren im Zuge der Debatte um eine Krise der Institution Schule in der Bundesrepublik wieder verstärkt in den Blick genommen. Damals hatten die Befürworter schüleraktiver Unterrichtsformen noch mit starken Widerständen seitens gesellschaftlicher Interessengruppen und institutioneller Strukturen zu kämpfen. Mittlerweile sind schüleraktive Lernarrangements als konzeptioneller Bestandteil handlungsorientierten Unterrichts nicht nur mehrheitlich anerkannt, sondern ihre Umsetzung wird – nicht zuletzt durch neuere Rahmenlehrpläne – auch gefordert. Es muss und soll daher in dieser Richtung für das Konzept der Handlungsorientierung im Allgemeinen und für schüleraktive Unterrichtsformen im Speziellen keine Lanze mehr gebrochen werden. Die Barrieren für die Annäherung an diese normative Zielsetzung liegen heutzutage vor allem in der Akzeptanz und Verwirklichung durch Lehrer und Schüler.

Dennoch sollen einige theoretische Grundlagen schüleraktiven Unterrichts nachfolgend kurz umrissen werden. Sie dienen der Zielorientierung und als Bewertungsmaßstab für den durchgeführten Unterricht.

II.1.1 Begriffliche Einordnung

In der Forschungsliteratur werden Begriffe wie handlungsorientierter, kommunikativer, offener, erfahrungsbezogener, schüleraktiver oder handelnder Unterricht für ähnliche Zusammenhänge verwendet.[1] Meyer gibt dem Begriff des handlungsorientierten Unterrichts begründeten Vorzug und liefert für diesen eine der bekanntesten Definitionen:

Handlungsorientierter Unterricht ist ein ganzheitlicher und schüleraktiver Unterricht, in dem die zwischen dem Lehrer und den Schülern vereinbarten Handlungsprodukte die Organisation des Unterrichtsprozesses leiten, so daß Kopf- und Handarbeit der Schüler in ein ausgewogenes Verhältnis zueinander gebracht werden können.[2]

Handlungsorientierter Unterricht ist offener Unterricht und zwar in dem Sinne, dass er
- die subjektiven Schülerinteressen zu seinem Bezugspunkt macht,
- sich gegenüber dem außerschulischen Umfeld öffnet,
- eine Selbstregulation des Lernens auf Seiten der Schüler ermöglicht,

aber dennoch zielorientiert ist und „dem pädagogisch-didaktischen Anspruch auf schulisch-systematisches Lehren und Lernen verhaftet"[3] bleibt. Die immense Bedeutung selbstbestimmten Lernens sowohl in Bezug auf dessen Nachhaltigkeit als auch auf die Persönlich-

---

[1] Vgl. Überblick bei: [Mey94], S. 214.

[2] Ebd., S. 214.

[3] [Jür03], S. 16.

keitsentwicklung (im gesellschaftlichen Kontext) ist unumstritten. Dieses lerntheoretische Ziel kann allerdings nur durch einen adäquaten Unterricht erreicht werden, in dem der Schüler als selbsttätiger, als handelnder Mensch begriffen, wahrgenommen und zugelassen, aber auch als solcher gefordert wird.

Hinzuzufügen ist, dass nach den lernpsychologischen Ansätzen konstruktivistischer Theorien davon ausgegangen wird, dass Lernen überhaupt nur über die aktive Beteiligung des Lernenden möglich ist.[4] Die in einem ausgewogenen Verhältnis zwischen Denken und Handeln[5] stehende Eigenaktivität des Schülers gerät also in den Fokus der Überlegungen.

II.1.2 Offener versus geschlossener Unterricht

Offene Unterrichtsformen ermöglichen im Gegensatz zu frontalen Formen, wie dem fragend-entwickelnden Unterrichtsgespräch, eine differenzierte Ansprache der Lernenden hinsichtlich ihrer unterschiedlichen Lernvoraussetzungen, z. B. ihrer Konzentrationsfähigkeit, Motivation, Selbständigkeit, ihrer Vorkenntnisse, methodischen und sozialen Kompetenzen oder ihres Lernfortschritts. Offenheit von Unterricht soll jedoch nicht als statisches und generelles Prinzip verstanden werden. Das Ziel, Schüler zu eigenverantwortlichem und selbstgesteuertem Lernen zu befähigen, kann nur innerhalb eines langfristigen Prozesses erreicht werden, in dessen Verlauf Unterricht sukzessive geöffnet wird. Alter und Entwicklungsstand sind dabei nicht zu vernachlässigende Größen. Der Grad der Offenheit und damit auch der Geschlossenheit des Unterrichts muss aber auch in Abhängigkeit von Situation und Kontext angepasst werden.[6] In diesem Sinne schließen prinzipiell offen angelegte Unterrichtsformen auch Instruktionsphasen nicht aus. Lehrerzentrierte Instruktionen stellen nicht zwangsläufig eine Durchbrechung oder Auflösung offener, handlungsorientierter Unterrichtskonzepte dar, sondern sind, sofern sie gezielt eingesetzt werden, notwendige Ergänzungen solcher Lernarrangements. Für schüleraktive Lernarrangements ist nach Jürgens Offenheit eine dynamische und relative Größe.[7]

II.1.3 Kriterien

Es bleibt die Frage, unter welchen konkreten Bedingungen Raum für Eigenaktivität auf Seiten der Schüler geschaffen werden kann.

Unterricht im Allgemeinen wie Schüleraktivität im Speziellen müssen zunächst auf einer angemessenen **Motivierung** basieren, ansonsten muss „jedes unterrichtliche Bemühen sinnlos"[8] bleiben. Interesse, Schaffensfreude, individueller Anspruch und Erfolge sind

---

[4] Vgl. [Hub04], S. 10.
[5] Vgl. [Mey87], S. 412.
[6] Vgl. [Jür03], S. 86.
[7] Vgl. ebd., S. 86.
[8] [Hub04], S. 15.

4

Elemente, die hierbei eine zentrale Rolle spielen. Zu beachten ist dabei, dass es nicht ausreicht, Motivation nur zu Beginn einer Unterrichtssequenz herzustellen. Immer wieder neu muss die Lehrkraft bemüht sein, Motivationszustände herbeizuführen – allerdings durchaus auf Basis derselben motivierenden Faktoren. Da nur interessierte Schüler wirklich aktiv sind, muss der Unterricht versuchen, **Verknüpfungen zur Alltagswelt und zum Erfahrungsbereich der Schüler** herzustellen.[9] Bereits dieser Bereich ist gar nicht so leicht zu fassen, denn hier sind nicht nur vermeintliche Interessen, sondern auch Abneigungen, Vorurteile, Ängste, Hoffnungen (bis hin zu überhöhten Erwartungen) zu berücksichtigen. Doch gerade darin liegt auch zugleich die erste Chance, Schüler zu aktivieren. „Schüler können sich mit einem Unterricht, an dessen Planung und Durchführung sie aktiv beteiligt worden sind, eher *identifizieren* als mit der in aller Regel abstrakt bleibenden Information über Struktur und Ziele des Lehrgangs."[10] Im Sinne einer ernst gemeinten Schüleraktivierung mit dem langfristig angelegten Ziel selbstbestimmten Lernens sollte der **Beteiligung der Schüler an der Unterrichtskonzeption** genügend Geduld und Aufmerksamkeit geschenkt werden. Denn das eigentliche Problem dürfte häufig darin liegen, dass Schüler Schwierigkeiten haben, konkrete Interessen im unterrichtlichen Zusammenhang zu artikulieren, wenn nicht gar überhaupt zu bestimmen. Meyer versteht die Interessenorientierung diesbezüglich nicht nur als Voraussetzung, sondern als Aufgabe eines handlungsorientierten Unterrichts.[11] Unterricht, der auf Grundlage einer solchen Planung zustande kommt, verwirklicht sich mithin in einem Prozess, der ein **gemeinsam vereinbartes Handlungsprodukt** zum Ziel hat, das die Schüler ehrgeiziger und mit mehr Schaffensfreude anstreben. Im Hinblick auf die „naturgemäß abstrakten informatischen Lerninhalte"[12] lässt sich hierzu Hubwiesers Ansicht ergänzen, dass ihre Vermittlung nur dann Erfolg versprechend sei, „wenn durch **konkrete, anschauliche Problemstellungen** eine erhöhte Aufnahmebereitschaft der Schüler geschaffen wird."[13]

Im weiteren Unterrichtsprozess gilt es nun, Freiräume zu schaffen, die ein hohes Maß an Eigenaktivität und Selbststeuerung gestatten und fordern. Hierzu sollten beispielsweise Situationen angebahnt werden, die den Lernenden ermöglichen, sich die Lerninhalte durch **entdeckendes Problemlösen** anzueignen. Entdeckendes Lernen stellt einen wichtigen Beitrag dar, wenn es darum geht, „eine für den eigenen Lern- bzw. Bildungsprozeß sinnvolle aktive Auseinandersetzung mit Lerngegenständen/-inhalten"[14] herzustellen. Ziel ist hierbei nicht *die richtige Lösung* zu einer gestellten Aufgabe wie in traditionellen, geschlossenen Unterrichtsformen. Stattdessen soll es möglich sein, Lerninhalte **im Rahmen offener**

---

[9] Diese Bedingung ergibt sich zugleich auch aus den lernpsychologischen Ansätzen des Konstruktivismus.
[10] [Mey87], S. 410.
[11] [Mey87], S. 415.
[12] [Hub04], S. 68.
[13] Ebd. (Hervorhebungen durch mich)
[14] [Boh84], S. 397.

Lernumgebungen auf eigenem Weg zu erkunden, eigene Vermutungen zu einem Problem aufzustellen, diese zu überprüfen und sich mit anderen Schülern darüber auszutauschen. Unter Umständen kann das Ausgangsproblem zu verschiedenen Lösungsansätzen führen, in jedem Fall müssen individuelle Lernwege und -strategien zugelassen werden. Dieses Lernprinzip verbietet dem Lehrer allerdings nicht (und entbindet ihn auch nicht von seiner Pflicht), gegebenenfalls notwendiges Material adäquat aufzubereiten und allen Lernenden zur Verfügung zu stellen. Natürlich können Recherchen in einem gewissen Rahmen auch zu den Aufgaben der Lernenden gehören.

Entscheidungssituationen sollten möglichst durch den einzelnen Lerner oder innerhalb von Gruppenprozessen absolviert werden. Zur Förderung eines selbstbestimmten und selbstgesteuerten Lernprozesses sollte der Lehrer so wenig wie möglich eingreifen. Generell sollten Unterrichtsarrangements auch in hohem Maße auf **Aktivitäten der Zusammenarbeit** unter den Lernenden angelegt sein (Kooperatives Lernen). Persönliche wie gemeinsame Verantwortung befriedigen das Bedürfnis „sozialer Eingebundenheit bzw. sozialer Zugehörigkeit"[15], motivieren und erfordern eigenaktives, verantwortungsbewusstes Handeln der Lernenden. In diesem Zusammenhang ist allerdings darauf zu achten, dass Lernenden auch **individuelle Denkzeiten** in ausreichender Weise zugestanden werden.

II.2 Extreme Programming[16]

Nachdem nun Kriterien für Schüleraktivität festgelegt wurden, soll im nächsten Schritt erklärt werden, worum es sich bei XP grundsätzlich handelt. Ausgewählte Aspekte werden dabei näher dargestellt.[17]

XP ist ein Vorgehensmodell in der Softwareentwicklung, das während der Arbeit am C3-Projekt (1995 – 2000) der *Chrysler Corporation* entwickelt wurde. Aufbauend auf den fünf Werten Kommunikation, Einfachheit, Feedback, Mut und Respekt wird auf bewährte Vorgehensweisen aus der Praxis in gebündelter Form zurückgegriffen: „XP setzt allgemein als vernünftig anerkannte Prinzipien und Verfahren in extremer Weise ein."[18] Dazu gehören u. a. das Programmieren in Paaren, permanentes Testen, gemeinsame Verantwortlichkeit, Verwendung derjenigen Lösungen, die mit dem einfachsten Design die geforderte Funktionalität aufweisen, fortwährende Integration der erarbeiteten Komponenten und Arbeit in kurzen, aufeinander folgenden Perioden (Iterationen), an deren Ende jeweils eine lauffähige Version steht.

---

[15] [Jür03], S. 30.
[16] Der folgende Abschnitt basiert auf: [Beck03]; [Wes01]; [WeF05].
[17] Die Auswahl einzelner Aspekte erfolgte teilweise auf Grundlage von Erfahrungen und Vorschlägen, dargelegt in: [Lip01]; [Wei05].
[18] [Beck03], S. XV.

XP fällt in die Kategorie der agilen Softwareentwicklungsprozesse, denen gemeinsam ein Verständnis von Arbeit zugrunde liegt, das auch die individuellen und gemeinschaftlichen Interessen der an einem Projekt beteiligten Menschen berücksichtigt. Anders könnte man auch formulieren, die Entwickler von XP gehen davon aus, dass ein Projekt wirtschaftlich kaum erfolgreich sein kann, wenn es nicht auch menschlich erfolgreich ist. Einen wesentlichen Faktor stellen hierbei flache Hierarchien und ein hohes Maß an Kommunikation dar. In diesem Sinne beginnt jeder Tag der an einem XP-Projekt beteiligten Personen mit einem **Standup-Meeting**. Das Treffen hat zum Ziel, eine Vorbesprechung auf Augenhöhe, zielführend und zügig durchzuführen. Dabei fasst jedes Teammitglied kurz zusammen, woran es zuletzt gearbeitet hat und welchem Problem es sich als nächstes widmen wird.

Am Anfang eines Projekts steht die so genannte **Systemmetapher**, die anschaulich die erwartete Funktionsweise des Endprodukts umschreiben soll. Von dieser ausgehend schreibt der Kunde bzw. Auftraggeber **Benutzergeschichten (Storycards)**. Jede enthält genau eine konkrete Funktionalitätsanforderung des Produkts. Storycards spielen innerhalb des XP-Planungsverfahrens eine erhebliche Rolle in Bezug auf die Einschätzung von Aufwand und Nutzen. Die Entwickler müssen sich äußern, welche (Zeit-)Kosten sie für die Umsetzung des verlangten Leistungsmerkmals veranschlagen. Voraussetzung hierfür sind natürlich entsprechende Erfahrungen. Die Storycards werden nach Priorität erstellt und abgearbeitet. Sie müssen vom Umfang her innerhalb eines Iterationsschrittes bearbeitet und getestet werden können. Dabei kann jeder Entwickler für sich entscheiden, welche Storycard er bearbeiten möchte. Da in der Regel immer zwei Entwickler eine Storycard zusammen bearbeiten, ergibt sich unter Umständen eine gewisse Rotation, die im Sinne der Teamentwicklung auch durchaus erwünscht ist.

Unterstützend können bei der Planung Class-Responsibility-Collaboration-Karten eingesetzt werden. Dieses Werkzeug des objektorientierten Designs wurde von einem der XP-Entwickler entworfen. Das Prinzip der **CRC-Karten** besteht darin, auf je einer Karteikarte pro Klasse festzuhalten, was diese leisten soll, zu welchen anderen Klassen Relationen bestehen, welche Methoden die Klasse benutzt und welche Attribute festgelegt werden müssen. Der begrenzte Platz auf den Karten hat den Vorteil, dass sich die Benutzer auf das Wesentliche konzentrieren müssen. Die Informationen auf den CRC-Karten sind strukturiert und leicht überschaubar.[19]

In XP nimmt das **Testen** eine zentrale Rolle ein. Sowohl Komponenten- als auch Integrationstests werden fortlaufend durchgeführt. Bevor die eigentliche Bearbeitung einer Storycard beginnt, wird ein Test definiert, der festlegt, was im Einzelnen überprüft werden muss, um feststellen zu können, ob das geforderte Leistungsmerkmal vollständig und fehlerfrei implementiert wurde.

---

[19] Vgl. [CRC07].

Das Programmieren selbst findet **in Paaren** statt. Von beiden Programmierpartnern bedient immer nur einer Tastatur und Maus, wobei sie sich in regelmäßigen Zeitabständen abwechseln. Auf diese Weise kommt das Vier-Augen-Prinzip zum Einsatz: Entwurfsalternativen werden diskutiert und der Programmiercode wird bereits direkt während der Implementierung begutachtet. Vor allem können sich Programmierer mit unterschiedlichen Erfahrungen zu einem bestimmten Bereich gegenseitig ergänzen. Im Zusammenhang mit einer permanenten **Rotation** hat sich in der Praxis gezeigt, „dass Pair-Programming ein mächtiges Mittel ist, um Wissen [...] zu transferieren."[20]

Die XP-Entwickler sind auch mit dem Vorhaben angetreten, die Softwareentwicklung von unnötigen Risiken und Kosten zu befreien. Dieses Ziel soll über das Verfahren der **Einfachheit** erreicht werden. Hierbei kommen verschiedene Überlegungen zum Tragen:

- Programmierer neigen hin und wieder dazu, sich in der Bereitstellung zusätzlicher Features zu verlieren, die aus ihrer Sicht vielleicht später von Interesse sein könnten.

- Systeme können durch programmierte Redundanzen und eine unnötige Anzahl von Klassen und Methoden unübersichtlich werden und sich daraufhin bei Änderungen oder Ergänzungen instabil erweisen.

- Deswegen soll immer nur das umgesetzt werden, was auch durch die Benutzergeschichten in Auftrag gegeben wurde.

- Komponenten müssen ferner dahingehend überprüft werden, ob sie Elemente enthalten, die entfernt werden können. Die geforderten Funktionalitäten müssen dabei weiterhin erfüllt bzw. Tests bestanden werden.

Über den Weg einer **kontinuierlichen Integration** sollen Versionen möglichst klein gehalten werden, wobei diese lauffähig und „als Ganzes sinnvoll"[21] sein müssen. Dadurch können Integrationsprobleme, wie sie sich eher nach längeren Arbeitsphasen ergeben, vermieden werden. Auf dem Stand der jeweils letzten Version entwickeln die Programmierer ihre Komponenten dann weiter. Dabei besteht eine **gemeinsame Verantwortlichkeit**. Damit ist gemeint, dass allen Beteiligten der gesamte Programmiercode jederzeit zur Verfügung gestellt wird und sich daraus für jeden die Verpflichtung ergibt, ihn wenn möglich zu verbessern. Dieses Modell richtet sich ausdrücklich gegen die Modelle *keine Verantwortlichkeit* und *individuelle Verantwortlichkeit*. „In XP übernimmt jeder Verantwortung für das gesamte System. [...] Wenn ein Programmierpaar bei der Arbeit ist und eine Möglichkeit sieht, den Code zu verbessern, dann führt es diese Verbesserung durch, wenn dadurch die Arbeit erleichtert wird."[22] Der Prozess des Überarbeitens und Verbesserns wird als **Refactoring** bezeichnet.

---

[20] [Lip01], S. 7. (Hervorhebungen durch mich). Vgl. auch: [Wes01].

[21] [Beck03], S. 56.

[22] Ebd., S.60.

Eines steht fest: „Der Programmierer steht im Mittelpunkt von XP."[23] Für ihn ist aber natürlich auch wichtig, welcher Werkzeuge er sich beim Programmieren bedient. Im Rahmen der darzustellenden Unterrichtsreihe kam hierfür *Greenfoot* zum Einsatz.

II.3 Die Entwicklungsumgebung Greenfoot

Die freie Software *Greenfoot* verbindet die intuitive Zugänglichkeit und Attraktivität so genannter Mikrowelten (Miniwelten, Minisprachen) mit dem Zugriff auf den gesamten Umfang einer Programmiersprache, in diesem Falle *Java*, und eine integrierte Entwicklungsumgebung. Sie richtet sich insbesondere an Programmieranfänger und verfolgt dabei die Ansätze des objektorientierten Paradigmas. Für Programmierübungen stehen grafisch ansprechende Umgebungen bereits zur Verfügung, darunter so bekannte wie das Java-Hamster-Modell oder turtleGraphics. Das Besondere an *Greenfoot* ist jedoch, dass es erlaubt, eigene Szenarien zu entwerfen, wodurch die jeweiligen Bedürfnisse und Gegebenheiten vor Ort, insbesondere auch Schülervorschläge, einfließen können.

Für den Lerner ist vor allem der grafische Ansatz attraktiv. Ohne Kenntnisse in der Grafikprogrammierung haben zu müssen, werden die ersten Programmierschritte visuell ansprechend und unmittelbar umgesetzt. Durch den integrierten Klassenbrowser und die Möglichkeit, direkt über Kontextmenüs auf Objekte zugreifen zu können, wird der Einstieg in die objektorientierte Sichtweise von Beginn an unterstützt. Die Möglichkeit, Programme als Application oder als Webseite zu exportieren, kann sich motivationsunterstützend auswirken. Schüler können ihre Produkte – wahrscheinlich nicht ganz ohne Stolz – ihrem Bekanntenkreis präsentieren oder z. B. auf der Schulhomepage veröffentlichen. Schwierigkeiten könnten sich eventuell durch den etwas schwer zugänglichen Sprachaufbau von *Java* ergeben.

III Planung der Unterrichtsreihe[24]

III.1 Darstellung der Unterrichtsvoraussetzungen

Bei der Analyse der Unterrichtsvoraussetzungen in diesem Kapitel kann auf eine gesonderte Betrachtung spezieller Vorkenntnisse und Fähigkeiten hinsichtlich des Lernbereichs *Grundlagen der Programmentwicklung* verzichtet werden, da hier alle Schüler bis auf eine Ausnahme Neuland betreten hatten. Hingegen konnte ich bezogen auf den Darstellungsschwerpunkt bereits konkrete Erfahrungen mit dem Kurs sammeln, die den Ausgangspunkt für die übergeordnete Zielsetzung der durchgeführten Unterrichtsreihe markierten und deswegen an dieser Stelle (Kapitel III.1.3) auch angemessen beschrieben werden sollen.

---

[23] Ebd., S. 160.
[24] Die Planung orientiert sich grundsätzlich an [FSDe07].

III.1.1 Allgemeine Unterrichtsvoraussetzungen

Das Fach Informatik ist am Coubertin-Gymnasium leider etwas unterrepräsentiert. Der sportliche Schwerpunkt bestimmt die Stundentafeln und Stundenpläne maßgeblich. So gibt es derzeit beispielsweise kein Wahlpflichtangebot für das Fach Informatik – in der Sekundarstufe I wird lediglich das Fach ITG unterrichtet.

Auch das Hauptinteresse der Schülerinnen und Schüler gilt dem Sport. Durch Trainingszeiten und Wettkämpfe sind sie außerschulisch stark eingebunden, bei sportlichen Leistungsträgern kommt es häufig zu sportlich bedingten Fehlzeiten, die durch geeignete organisatorische Maßnahmen seitens Schule (z. B. vergleichsweise geringe Klassenstärken) und Lehrern (z. B. Zusatzangebote) aufgefangen werden müssen. Diese Rahmenbedingungen mögen Faktoren dafür sein, dass sich in der Sekundarstufe II nur sehr wenige Schüler – ganz abgesehen von Schülerinnen – für einen Informatikkurs entscheiden. Der von mir seit Beginn des Schuljahres unterrichtete Basiskurs besteht aus lediglich sieben Schülern. Der Kurs kam, so wie er jetzt besteht, erst nach anfänglichen Schwierigkeiten zustande. Einige Schüler, die sich zunächst für den Kursbesuch entschieden hatten, befürchteten eine zu starke Belastung; immerhin enthält ihr Stundenplan drei Unterrichtsstunden mehr als der ihrer Mitschülerinnen und Mitschüler. Als nächstes ergab sich die Schwierigkeit, eine Schnittmenge nicht belegter Unterrichtsstunden zu finden, um für möglichst viele, potentiell interessierte Schüler ein Kurs formieren zu können. Die am besten befundene, aber dennoch nicht ganz unproblematische Variante gestaltet sich in der Weise, dass eine der drei Kursstunden als Teilungsunterricht durchgeführt wird. Dabei liegt die Stunde der einen Teilungsgruppe (A) so, dass der komplette Kurs für sie immer im Block (7. - 9. Stunde) stattfindet. Bei den vier A-Schülern (Schüler A, Schüler B, Schüler C, Schüler D) lassen Verlaufsmotivation, Konzentration, Leistungs- und Aufnahmefähigkeit im Verlauf der drei Stunden deutlicher nach als bei den anderen drei Schülern (B). Mittlerweile ist festzustellen, dass mit Ausnahme von Schüler A die A-Schüler bereits zu Beginn der ersten Stunde eine geringe Motivation aufzeigen. Verstärkend kommt ein nicht unerhebliches Leistungsgefälle hinzu. Schüler A bringt als einziger Schüler Programmiererfahrungen aus seiner Freizeit mit. Ihm und den B-Schülern (Schüler E, Schüler F, Schüler G) fallen die Erarbeitung abstraktor Zusammenhänge meist leichter, ihr Lerntempo ist deutlich höher. Zu erwähnen ist in diesem Zusammenhang, dass Schüler E zuletzt relativ erfolgreich an der Mathematikolympiade teilgenommen hatte. Allerdings sind die Äußerungen der B-Schüler häufig sehr unpräzise. Gerade weil ihnen die Begegnung mit den Lerninhalten leichter fällt, zeigen sie sich zwar hoch interessiert, ihre Lerneinstellung ist jedoch hin und wieder etwas oberflächlich. Prinzipiell zeigen die Schüler aber Interesse am Unterricht und versuchen meist selbständig, eigene lebensweltliche Bezüge zu den Inhalten herzustellen.

Für einige Schüler bedeuteten die beiden vorangegangenen Unterrichtsreihen, die jeweils dem Bereich der technischen Informatik entstammten, in gewisser Weise eine Durststrecke. Der Kurs sah mit großer Erwartung den Inhalten der praktischen Informatik entgegen.

Zwischen Schüler E, Schüler B und Schüler D sowie zwischen Schüler G und Schüler F besteht jeweils eine etwas engere Bindung, da sie in derselben Klasse sind bzw. waren. Schüler C und Schüler A bedürfen noch des Anschlusses, was ihnen aufgrund ihrer etwas zurückhaltenden Art nicht ganz leicht fällt. Bislang taten sich alle Schüler bei Partner- und Gruppenarbeit schwer, auch wenn sich hier langsam Gewöhnungseffekte einstellen.

III.1.2 Räumliche und technische Unterrichtsvoraussetzungen

Das Coubertin-Gymnasium verfügt über Informatikräume und einen E-Learningraum. Wesentliche Vorteile des E-Learningraums stellen für mich die relativ einfache Administration sowie die technischen Möglichkeiten der Unterrichtssteuerung dar. Der Raum verfügt über eine elektronische Tafel (*ACTIVboard*), einen festinstallierten Beamer und eine aktuelle Hardwareausstattung. Mithilfe der Software *beno* können sowohl Rechner angesteuert als auch die Benutzer auf einfache Weise verwaltet werden. Insbesondere die Anlage von Verzeichnissen, das Verteilen oder Einsammeln von Dateien aber z. B. auch die Anwendungssteuerung stellen sich nahezu problemlos dar. Die Schülerrechner sind mit *Dr. Kaiser-PC-Wächter-Karten* ausgestattet, der Internetzugriff wird über die Software *TIME for kids Schulfilter Plus* geregelt. In regelmäßigen Abständen findet am Gymnasium eine Schulung für an der Nutzung des E-Learningraums interessierte Kollegen statt. Bereits im vergangenen Schuljahr konnte ich diese in Anspruch nehmen sowie Unterrichtserfahrungen im Raum sammeln. Außerdem wurden mir Administratorrechte eingeräumt, was das Arbeiten, insbesondere im Falle notwendiger Softwareinstallationen, erheblich erleichtert. Der große Nachteil des Raums ergibt sich aus der Arbeitsplatzanordnung. Die Tische sind in Reihen angeordnet, wobei jeder Arbeitsplatz mit einem Rechner ausgestattet ist, vornehmlich ausgerichtet auf das Lernen und Arbeiten mit dem Computer. Die klassisch frontale Sitzanordnung kann nicht aufgehoben werden und auf den Tischen entsteht zumeist Platzmangel, wenn zusätzliche Materialien ins Spiel kommen oder etwas handschriftlich bearbeitet werden muss.

Was diesem Raum jeweils zum Vor- bzw. Nachteil gerät, gestaltet sich bei den Informatikräumen genau anders herum. Bei der Planung der Unterrichtsreihe habe ich mich aus Gründen der stärkeren Unabhängigkeit und höheren Variabilität in technischen Dingen letztlich für den E-Learningraum entschieden. Außerdem kann für Gruppenarbeitsphasen oder andere Situationen, in denen die Arbeit am Rechner in den Hintergrund treten soll, auf den Nebenraum ausgewichen werden, der zur selben Zeit nicht belegt ist. Für das Programmieren in Paaren stellt der Raum keine Hürde dar. Ferner sollte aufgrund der Lerngruppengröße kein entscheidender Platzmangel entstehen.

Im Vorfeld der Unterrichtsreihe wurde die *Java* Entwicklungsumgebung (*JDK 6*) und die *Greenfoot*-Software (Version 1.2.1) installiert und getestet. Für die ersten Schritte hatte ich ein eigenes Szenario programmiert.

III.1.3 Unterrichtsvoraussetzungen im Hinblick auf den Bereich Schüleraktivität

Zu Beginn des Schuljahres wollte ich den Kursteilnehmern die Möglichkeit geben sich zu äußern, mit welchen Interessen, Erwartungen und auch Befürchtungen sie den Basiskurs besuchen, um bei der weiteren Planung in angemessener Weise darauf eingehen zu können. Jeder Schüler hatte mehrere Moderationskarten erhalten – sie sollten später geclustert werden. Ich stieß damit auf Verwunderung bis hin zu Ratlosigkeit. Die Schüler hatten offensichtlich überhaupt nicht erwartet, nach ihrer Meinung gefragt zu werden. Was ich mir als besonders wirkungsvollen Einstieg aus Schülersicht vorgestellt hatte, nahm groteske Züge an. Die wenigen ausgefüllten Karten und das, was auf ihnen stand, machten klar, dass die Schüler mit dieser Situation überfordert waren. Einen zweiten Anlauf hatte ich unternommen, als ich dem Kurs die vorläufige Planung für die beiden Kurshalbjahre vorstellte. Hier hatte ich „weiße Flecken auf der Landkarte" übrig gelassen mit der Aufforderung an die Schüler, Dinge zu benennen, die sie noch vermissen. Auch dieser Ansatz ging bisher ins Leere, soll aber in Kürze nochmals wiederholt werden.

In den Unterrichtsreihen „Der Computer und sein Betriebssystem" und „Netzwerke" hatte ich ebenfalls versucht, schüleraktivierende Elemente in den Unterricht aufzunehmen, was jedoch organisatorisch und angesichts der Themen nicht immer ganz einfach war. Mit dem Versuch, von-Neumann-Prinzipien über das Programmierspiel „Krieg der Kerne" entdeckend zu erlernen, waren die Schüler zum Teil überfordert, weil es ihnen nicht gelang, ausreichend zu abstrahieren oder die bestehenden Verbindungen herzustellen. Den größten Lerneffekt erzielten bisher zwei durchgeführte Rollenspiele (Komponenten und Aufgaben in Netzwerken; Paketvermittlung im Internet). Hier waren die Schüler eigenaktiv tätig, mussten spielerisch selbständige Entscheidungen treffen, die Prinzipien wurden für sie fassbar im doppelten Sinne.

Zu verschiedenen Zeitpunkten sollten sich die Schüler Lerninhalte arbeitsteilig erschließen und dem Kurs anschließend präsentieren. Bei den Präsentationen wirkten die Vortragenden teilweise etwas unsicher und der zuhörende Teil des Kurses war nur wenig konzentriert, dennoch hielt ich es für eine sinnvolle Variante, die Schüler zumindest partiell aus ihrer Passivität herauszuholen.

Begleitend zu den Unterrichtsreihen hatten die Kursteilnehmer die Aufgabe, ein kurseigenes Wiki mit den Unterrichtsinhalten zu erstellen und zu pflegen. In Eigenregie kamen hier keine Ergebnisse zustande und auch die Nutzung als Hilfsmittel zur Unterrichtsvor- und -nachbereitung ließ sehr zu wünschen übrig. Lediglich zur Klausurvorbereitung griffen die meisten der Schüler dankbar auf das Wiki zurück. Neben dem Wiki waren die Schüler angehalten, sich bei Fragen und im Rahmen von Hausaufgaben im kursinternen Forum (wie das Wiki Bestandteil der Online-Lernumgebung *lo-net*) auszutauschen. Auf dieses griffen die Schüler überhaupt nicht zurück. Entsprechend war eines der wichtigsten Ziele für die Unterrichtsreihe, die Kommunikation unter den Kursteilnehmern in Gang zu bringen. Alles in allem zeigte sich bisher, dass die Schüler bis auf wenige Ausnahmen sehr unselbständig und offenbar eher traditionelle, mehrheitlich frontal geprägte Lernumgebungen gewohnt sind. In offenen Lernarrangements fühlen sie sich sichtlich unwohl. Es lässt sich jedoch feststellen, dass sie nach und nach auch die Vorteile schätzen lernen, die mit einem Unterricht verbunden sind, der sie aus einer rein rezeptiven Position herauslöst.

III.2 Angestrebter Kompetenzerwerb/-zuwachs

Der Berliner Rahmenlehrplan für das Fach Informatik enthält keine abschlussorientierten Standards für die Einführungsphase, sondern verweist darauf, dass die in der Sekundarstufe I erworbenen Kompetenzen zu vertiefen und zu erweitern sind. Spätestens am Ende der Einführungsphase sollen die für den Eintritt in die Qualifikationsphase gesetzten Eingangsvoraussetzungen erreicht sein.[25] Allerdings sind letztere teilweise nicht ganz deckungsgleich mit den Abschlussstandards der Sekundarstufe I, sodass die nachfolgend aufgeführten prozess- und inhaltsbezogenen Standards, auf die ich mich im Rahmen der Unterrichtsreihe bezogen habe, den Rahmenlehrplänen sowohl der Sekundarstufe I als auch II entnommen sind. Abschlussorientierte Standards der Sekundarstufe I wurden hierbei den Kompetenzbereichen der gymnasialen Oberstufe zugeordnet.

III.2.1 Kompetenzbereich Informatisches Modellieren
(Modelle erstellen und nutzen)[26]
Die Schüler

– beschreiben Modelle als vereinfachtes Abbild der realen Welt,
– hinterfragen und bewerten Ergebnisse einer Modellbildung kritisch,
– konstruieren Datenabstraktionen und Zugriffe objektorientiert als Klassen.

III.2.2 Kompetenzbereich Informatiksysteme verstehen
(Wirkprinzipien kennen und anwenden)[27]
Die Schüler

– beschreiben Grundlagen des Aufbaus und der Arbeitsweise eines
  Informatiksystems.

---

[25]Vgl. [SenBJS06b], S. V.
[26] Vgl. ebd., S. 12 u. [SenBJS06a], S. 16.
[27] Vgl. [SenBJS06b], S. 12.

III.2.3 Kompetenzbereich Problemlösen

(Probleme erfassen und mit Informatiksystemen lösen)[28]

Die Schüler

- beschreiben algorithmische Abläufe umgangssprachlich und grafisch,
- modellieren einfache Abläufe mit Algorithmen (Sequenz, Auswahl, Wiederholung),
- setzen Algorithmen in Programme um,
- erstellen Software nach dem Ablauf für Informatikprojekte.

III.2.4 Kompetenzbereich Kommunizieren und Kooperieren

(Teamarbeit organisieren und koordinieren)[29]

Die Schüler

- verwenden in angemessenem Rahmen die Fachsprache,
- dokumentieren und präsentieren ihre Arbeitsergebnisse,
- arbeiten mit Anderen in Projekten.

III.3 Inhaltlicher Schwerpunkt – Begründung der Themenwahl

III.3.1 Sachstruktur

Der inhaltliche Schwerpunkt der Unterrichtsreihe – die Entwicklung eines einfachen Computerspiels – setzt sich aus verschiedenen Teilaspekten zusammen, die zunächst getrennt voneinander analysiert werden sollen. Der Einsatz der Entwicklungsumgebung *Greenfoot* setzt voraus, dass die **objektorientierte Sichtweise** von Beginn an berücksichtigt wird. *Greenfoot* verwendet die Programmiersprache *Java*. Mit ihrer objektorientierten Ausrichtung gehört sie zur Familie der imperativen Programmiersprachen, deren Basis **elementare Daten- und Steuerstrukturen** bilden. Handlungsprodukt der Unterrichtsreihe sollte eine einfache Umsetzung des Computerspiels *Pac-Man* sein.

a) Objektorientierung

Der Durchbruch des objektorientierten Paradigmas in den 1990er Jahren stellt einen wichtigen Meilenstein in der Geschichte der Programmiersprachen dar. Der objektorientierte Ansatz reicht jedoch bis in die 1970er Jahre zurück und umfasst nicht nur die Programmierung (OOP) selbst, sondern auch die der Implementierung vorgelagerten Phasen der Analyse (OOA) und des Designs (OOD). Kommt dieser Ansatz zum Tragen, bestimmt er also die Entwicklung eines Programms als grundlegendes Prinzip von Beginn an. Mit der Entwicklung der objektorientierten Sichtweise wurde unter anderem der Versuch unternommen, dem menschlichen Denken besser zu entsprechen als es andere Programmierparadig-

---

[28] Vgl. ebd. u. [SenBJS06a], S. 16.

[29] Vgl. [SenBJS06b], S. 13 u. [SenBJS06a], S. 15.

14

men zuvor vermochten. Dass ein zu modellierender Aspekt nicht als ein einziger großer Algorithmus begriffen wird, sondern als ein Zusammenspiel von verschiedenen Datenstrukturen, den Objekten, ist hierbei von grundlegender Bedeutung. Was sind Objekte?

1. Objekte können spezifische Eigenschaften haben. Gegenstände haben z. B. eine bestimmte Farbe, Größe, sie haben eine Position in einem Raum und vielleicht bewegen sie sich mit einer bestimmten Geschwindigkeit.

2. Jede dieser Eigenschaften kann prinzipiell geändert werden.

3. Gleichartige Objekte (Gleichartigkeit meint grundsätzliche Übereinstimmung in wesentlichen Eigenschaften) können durch Abstraktion einem übergeordneten Begriff zugeordnet werden. Beim objektorientierten Ansatz spricht man hierbei von Klassen.

Klassen sind also eine allgemeine, abstrakte Beschreibung für eine Vielzahl möglicher konkreter Objekte (Instanzen der Klasse). Eine Klasse legt die Eigenschaften (Attribute) fest, die für jede ihrer Instanzen mit konkreten Werten belegt werden müssen. Über die Gesamtheit seiner Attributwerte ist jedes Objekt/ jede Instanz einer Klasse eindeutig identifizierbar. Eine Klasse definiert ebenfalls die Methoden, die auf einem Objekt ausgeführt werden können. Allgemein können folgende Methoden unterschieden werden:

1. Untersuchende Methoden liefern den Wert eines bestimmten Attributs.

2. Manipulierende Methoden ändern den Wert eines bestimmten Attributs.

3. Mischformen können sowohl untersuchen als auch verändern.

4. Parameterfreie Methoden benötigen für ihre Ausführung/ ihren Aufruf keine weiteren Informationen.

5. Parameterabhängigen Methoden müssen beim Aufruf konkrete Daten übergeben werden. Diese haben Einfluss auf die konkrete Ausführung der Methode.

Objekte werden auf Grundlage der jeweiligen Klassendefinition zur Laufzeit eines Programms erzeugt und existieren nicht über diese hinaus.

Weitere wichtige Konzepte des objektorientierten Paradigmas sind Vererbung, Aggregation und Assoziation. Hierbei geht es vornehmlich darum, in welchen Beziehungen Klassen eines Programms zueinander stehen und welche Auswirkungen das auf das Programmieren hat.

b) Elementare Daten- und Steuerstrukturen

Einfache Datentypen und Programmanweisungen bilden die Grundbausteine bei der imperativen Programmierung. Der Rahmenlehrplan spricht in diesem Zusammenhang auch von „Algorithmik im Kleinen"[30]. Über einen Datentyp werden spezielle Wertebereiche und darauf jeweils festgelegte Operationen definiert. *Java* stellt dem Programmierer acht elementare Datentypen zur Verfügung, einen Überblick über die vier wichtigsten liefert die nachstehende Tabelle.

---

[30] [SenBJS06b], S. VIII.

Datentyp	Bezeichnung in *Java*	Wertebereich	Speicherbedarf
Ganzzahliger Datentyp (Zahlenwerte ohne Nachkommastellen)	int	-2^{31} bis 2^{31}-1	4 Byte
Logischer Datentyp (Wahrheitswerte)	boolean	true, false	1 Byte
Fließkommazahlen (Werte reeller Zahlen)	double	$-1.79769313486231570 * 10^{308}$ bis $+1.79769313486231570 * 10^{308}$	8 Byte
Zeichentyp (einzelne Zeichenwerte)	char	alle Elemente des Unicode-Zeichensatzes (derzeit 99.000)	2 Byte

Programmanweisungen (statements) werden in einfache Anweisungen und Steueranweisungen unterschieden. Einfache Anweisungen (single statements) sind einzelne Anweisungen, in denen ein Wert einer Variablen zugewiesen wird (Zuweisung, z. B.: a = 1;) oder eine Methode (z. B.: getX();) aufgerufen wird. Die Zuweisung kann mit einer gleichzeitig auszuführenden arithmetischen oder einer logischen Operation verbunden sein (z. B.: b = 15 * 3;). Einfache Anweisungen verändern nicht die Reihenfolge, d. h. den linearen Ablauf der auszuführenden Anweisungen. Mehrere Einzelanweisungen können zu einem Block bzw. zu einer Sequenz zusammengefasst werden. In *Java* erfolgt diese Zusammenfassung durch geschweifte Klammern.

Steueranweisungen dienen dazu, die Reihenfolge der Abarbeitung von Anweisungen zu bestimmen. Es wird zwischen folgenden Programmsteuerstrukturen unterschieden:

– Verzweigungen (Alternativen)
  o einfache Auswahl: if ...
  o zweifache Auswahl: if ... else ...
  o verschachtelte Auswahl (Mehrfachauswahl): if ... else if ... else ...
  o Fallauswahl: switch ... case ...
– Wiederholungen
  o zählergesteuerte Schleife: for ...
  o vorprüfende Schleife: while ... do ...
  o nachprüfende Schleife: do ... while ...

c) Pac-Man

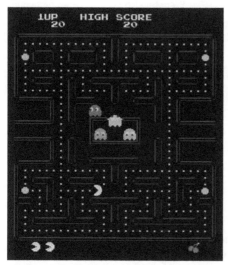

Abbildung 1: *Pac-Man*. Screenshot des Originalspiels.[31]

Dieses populäre Videospiel aus der Zeit der frühen 1980er Jahre wurde zunächst für Spielautomaten programmiert, später aber auch für den PC umgesetzt (Abb. 1). Der ursprüngliche, kommerzielle Einsatz an Spielautomaten bestimmt den grundsätzlichen Rahmen im Hinblick auf Spielaufbau und Spielprinzip. Wie bei anderen so genannten Arcadespielen auch kommt es hauptsächlich auf Schnelligkeit und Geschicklichkeit an. Die Spielregeln sind sehr einfach und schnell, beinahe intuitiv zu verstehen. Beim Spiel *Pac-Man* steuert der Spieler die gleichnamige Spielerfigur durch eine Art Labyrinth. Ziel ist es, alle dort befindlichen Punkte zu fressen, ohne dabei von einem der vier Computergegner gefressen zu werden. Im Labyrinth befinden sich neben den normalen vier größere Punkte, die, wenn sie von *Pac-Man* gefressen werden, das Kräfteverhältnis für kurze Zeit umkehren, sodass die Spielerfigur die Computergegner fressen kann. Jeder gefressene Punkt zählt, ebenso gefressene Computergegner. Zudem erscheinen in unregelmäßigen Abständen weitere Spielsymbole an zentraler Stelle im Spielfeld, die Extrapunkte ermöglichen. In der Mitte des unteren Spielfelddrittels befindet sich die Startposition der Spielerfigur. Die Computergegner starten aus einem Raum, der sich in der Mitte des Spielfeldes befindet. Dort regenerieren sie sich auch, falls sie selbst gefressen werden. Die Bewegungen der Computergegner unterliegen im Originalspiel nicht dem Zufallsprinzip, sondern festen Strategien.

Wenn man es geschafft hat, alle Punkte eines Labyrinths aufzufressen, startet das nächste Level, verbunden mit einem höheren Schwierigkeitsgrad in Form schnellerer Fortbewegung oder veränderter Strategie auf Seiten der Gegner. Prinzipiell endet das Spiel erst, wenn *Pac-Man* seine drei Leben verloren hat. Werden bestimmte Punktestände erreicht, erwirbt der Spieler jeweils ein Zusatzleben.

Zur Originalversion existieren zahlreiche Varianten und Weiterentwicklungen. Seine Popularität verhalf *Pac-Man* auch zu Film- und Fernsehauftritten.[32] Im Jahr 2007 erschien für

---

[31] Bildquelle: http://freespace.virgin.net/james.handlon/pacman.htm. Letzter Zugriff: 2.03.2008.

[32] Zu nennen wären beispielsweise der Spielfilmklassiker *Tron* oder die Zeichentrickserie *The Simpsons (Folge: Homer And Ned's Hail Mary Pass)*.

Microsofts Xbox eine neue Version des Spiels, mit dem im selben Jahr die ersten *Pac-Man*-Weltmeisterschaften ausgetragen wurden.

III.3.2 Eignung des Themas bezüglich der zu fördernden Kompetenzen

Im Vorgriff auf das methodische Prinzip der Problemorientierung kommt es bei der Auswahl der Inhalte laut Hubwieser darauf an, dass „deren Komplexität einerseits so hoch sein sollte, dass sie von den Schülern ohne die zu erlernenden Konzepte nicht oder nur unter erheblich höherem Aufwand gelöst werden können. Andererseits darf der intellektuelle Horizont der Schüler nicht überschritten werden."[33] Ein Computerspiel ist nur bedingt der realen Welt zuzuordnen, für Jugendliche jedoch noch am ehesten. In jedem Fall ist es aber wahrscheinlich, mit diesem Inhalt den Einstieg in die Programmierung interessenbezogen gestalten zu können.

Auch bei der Entwicklung eines Computerspiels sind die Schüler gezwungen zu abstrahieren und in diesem Fall das Spielkonzept seinem ganzen Umfang nach zu analysieren und modellhaft zu beschreiben. Die verschiedenen Elemente des Spiels – Labyrinthmauern, Punkte, Gegner, *Pac-Man*, Textanzeige – können als Objekte verstanden und Klassen zugeordnet werden. Gegner und Spielerfigur bieten sogar die Möglichkeit, sich mit dem Vererbungskonzept auseinanderzusetzen. Da die Steuerung der Spielerfigur ebenso wie das Verhalten der Gegner bestimmten Bedingungen unterliegt, kann der Ablauf des Spiels unter anderem mithilfe von Verzweigungs- und Wiederholungsstrukturen algorithmisch beschrieben werden. Mit der Entwicklungsumgebung *Greenfoot* können das Modell und die algorithmischen Entwürfe unter Verwendung des logischen und des ganzzahligen Datentyps problemlos in ein ansprechendes Programm umgesetzt werden. Die Gestaltung des Spiellabyrinths kann optional auch von leistungsstarken Schülern vorgenommen werden, wobei die Verwendung zusammengesetzter Datentypen eine erhöhte Anforderung darstellt und damit über das Maß der zu erwerbenden Regelstandards hinausgeht. Die verschiedenen Phasen der Programmentwicklung werden durch den Einsatz unterschiedlicher Dokumentationstechniken begleitet. Nebenbei eignet sich ein Arcadespiel wie *Pac-Man* für den Einstieg in die Programmierung auch insofern, da es auf ein an gängigen Miniwelten (Hamster-Modell, *Robot Karol*, *Kara*-Familie) angelehntes Einstiegsszenario aufgesetzt werden kann.

---

[33] [Hub04], S. 69.

III.4 Konkretisierung der Standards für die geplanten Lehr- und Lernprozesse

Die Schüler

- erarbeiten sich die Elemente der Entwicklungsumgebung *Greenfoot*, erstellen Klassen, erzeugen Objekte, rufen Methoden auf, implementieren einfache Algorithmen und gelangen auf diese Weise zu einem grundlegenden Verständnis über den Aufbau und die Wirkungsweise eines Informatiksystems, das der Programmentwicklung dient (Sk_0),

- machen erste Schritte in einem einfachen *Greenfoot*-Szenario und erhalten auf dieser Basis Einblicke in die Algorithmik im Kleinen und in objektorientierte Prinzipien (Sk_1),

- analysieren kleinere Aufgabenstellungen in einem *Greenfoot*-Szenario, beschreiben ihre Lösungsansätze umgangssprachlich/ grafisch und modellieren auf dieser Grundlage einfache algorithmische Abläufe (Sk_2),

- entscheiden über die Verwendung einfacher Datentypen und Steuerstrukturen und implementieren auf dieser Basis ihre Entwürfe für einzelne Klassen und Methoden in *Greenfoot/Java* (Sk_3),

- analysieren das Computerspiel *Pac-Man* unter objektorientierten Gesichtspunkten und gelangen auf dieser Basis zu einem anfänglichen Modellentwurf (Sk_4),

- überprüfen im Laufe des Projekts den Modellentwurf in seiner jeweils letzten Version auf Unvollständigkeit, Fehler und Verbesserungsmöglichkeiten hinsichtlich Funktionalität und Einfachheit, entwickeln diesen gegebenenfalls weiter und gelangen auf dieser Basis zu einer konstruktiv-kritischen Haltung bei der Bewertung von Modellen (Sk_5),

- zergliedern die Gesamtanforderung an ein lauffähiges *Pac-Man*-Spiel in Teilprobleme, teilen die Bearbeitung untereinander auf, berichten über ihre Arbeitsfortschritte und dabei auftauchende Probleme, helfen sich gegenseitig bei deren Lösung, stimmen ihre zu entwickelnden Komponenten aufeinander ab, bewerten die Ergebnisse und gelangen auf dieser Basis zu einem Einblick in Arbeitsbedingungen bei einem gemeinsamen Softwareprojekt (Sk_6),

- beschreiben die grundsätzlichen Spielprinzipien und die wesentlichen Teile des Spielablaufs bezogen auf einzelne Klassen und modellieren auf dieser Basis einfache Algorithmen (Sk_7),

- testen ihre Umsetzung auf Vollständigkeit und Fehlerfreiheit, integrieren ihre fertigen Programmteile in ein gemeinsames Szenario und gelangen auf dieser Basis zu einem lauffähigen Programm (Sk_8),

- erstellen eine Klassenübersicht, beschriften CRC-Karten, ergänzen ihren Programmcode durch Kommentare und gelangen auf dieser Basis zu einer Dokumentation einzelner Phasen der Programmentwicklung (Sk_9).

III.5 Didaktische Reduktion mit Zielformulierungen

(Begründung der Lehrstruktur)

Auch mit einer für Programmieranfänger gedachten Entwicklungsumgebung wie *Greenfoot* wären die Schüler überfordert, wenn sie ein lauffähiges Spiel mit allen Einzelheiten komplett allein entwickeln sollten. Dieses Problem wird noch verstärkt durch den komplexen und teilweise schwer zugänglichen Aufbau der Programmiersprache *Java*. Jedoch bietet *Greenfoot* hier im Zusammenspiel mit dem Prinzip der Objektorientierung die Möglichkeit, all jene Strukturen zu kapseln, die den beabsichtigten Kompetenzerwerb übersteigen bzw. diesem abträglich sein könnten. Daher kommt es im Vorfeld wie im Verlauf der Unterrichtsreihe darauf an, den Schülern vorprogrammierte Strukturen, insbesondere Methoden für einzelne Klassen, zur Verfügung zu stellen, mit denen sie möglichst intuitiv umgehen können. Die Schüler sollen sich so wenig wie möglich mit den Hintergründen und der Syntax der Programmiersprache *Java* auseinandersetzen müssen, sondern sich auf die eigentlichen Lerninhalte konzentrieren können.

Zunächst erarbeiten sie sich den Umgang mit der Entwicklungsumgebung. Sie müssen die Ebenen Klassenbrowser, Quellcodeeditor und visualisierte Objektwelt unterscheiden und diese gleichzeitig in Beziehung setzen können. Dazu gehört, dass sie ein Grundverständnis von Klassen, Objekten und Methoden erlangen. Innerhalb eines überschaubaren Einstiegs-szenarios – vom Aufbau her angelehnt an existierende Miniwelten – sollen von vorhandenen Klassen Objekte erzeugt, existierende Methoden aufgerufen, die jeweiligen Ergebnisse dessen beobachtet, beschrieben und in einen Erklärungszusammenhang gebracht werden. Es macht aus meiner Sicht wenig Sinn, den Anfangsunterricht mit dem objektorientierten Ansatz theoretisch zu überfrachten. Stattdessen sollte es anfänglich genügen, über den konsequenten – auch bei den Schülern einzufordernden – Sprachgebrauch (Objekt, Klasse, Methode, Attribut, Attributwert) und durch die Interaktion mit *Greenfoot* (Klassenbrowser, Objektinspektor, Methodenaufruf über Kontextmenüs, Objekterzeugung per Mausklick) ein Grundverständnis für diese Sichtweise – in gewisser Weise intuitiv – zu entwickeln.

Um kleinere Problemstellungen lösen zu können, müssen die Schüler Algorithmen entwickeln. Dieser Schritt verlangt von ihnen eine abstrahierende Herangehensweise. Diese kann zunächst nur durch mehrere gleichartige Aufgabenstellungen angebahnt werden und muss später stetig weiterentwickelt werden. Ihre jeweiligen Lösungsalternativen sollen die Schüler unter Verwendung vordefinierter Methoden (`vor()`, `rechtsUm()`, `istFrei()`) implementieren und dabei sukzessive das in den Klassen vorhandene Methodenrepertoire durch neue Methoden (`linksUm()`, `findeAusLabyrinth()`, `folgePfad()`) ergänzen. Das verlangt von den Schülern, dass sie sich mit Kontrollstrukturen auseinandersetzen und über deren Verwendung selbständig entscheiden. Allerdings lassen sich in *Greenfoot* Wiederholungsstrukturen nicht in der Weise visualisieren, wie man es von anderen

Miniwelten gewohnt ist. Die Schüler erhalten daher vorrangig Aufgaben, anhand derer sie Möglichkeiten der Verzweigungsstrukturen erlernen.

Des Weiteren sollen sich die Schüler die unterschiedliche Wirkungsweise von Methoden (untersuchend oder verändernd) erarbeiten und diese zielgerichtet einsetzen. In verschiedenen Parcours des Einstiegsszenarios (Abb. 2) sollen sie dazu Abläufe entwickeln, mit denen ein Objekt z. B. an anderen Objekten vorbei- oder auf bzw. an diesen entlang gesteuert wird.

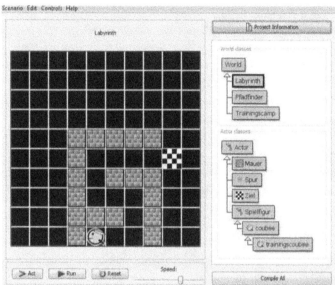

Abbildung 2: Einstiegsszenario – hier mit der Aufgabe, den Weg aus einem Labyrinth zu finden.

Auf der Grundlage der Kenntnisse und Erfahrungen, die mit dem Einstiegsszenario gesammelt wurden, kann zur Entwicklung des Computerspiels übergegangen werden. Das Thema Softwareentwicklung stellt in dieser Unterrichtsreihe keinen Lerninhalt im eigentlichen Sinne dar. Dennoch erfordert der beabsichtigte methodische Zugriff auf die Inhalte eine Einführung in diesen Aspekt. Sie soll sich darauf beschränken, den Schülern ein methodisches Repertoire an die Hand zu geben, das sie befähigt, die nachfolgende, projektartig angelegte Phase weitgehend selbständig zu gestalten. Es umfasst die auf den Darstellungsschwerpunkt ausgerichteten, in Kapitel II.2 beschriebenen Vorgehensweisen des XP.

Um nun die teilweise anspruchsvolleren Problemstellungen lösen zu können, müssen sich die Schüler mit dem Variablen-, dem Parameter- und damit teilweise auch dem Datentypkonzept auseinandersetzen. In dieser ersten Reihe zur Programmierung genügt es jedoch, sich auf den ganzzahligen und den logischen Datentyp zu beschränken. Der logische Datentyp spielt insbesondere bei der Verwendung von Kontrollstrukturen eine Rolle. Hier sollte es zudem möglich sein, dass die Schüler ihr Vorwissen aus der Unterrichtsreihe zum von-Neumannrechner (Binärdarstellung) aktivieren und an dieses anknüpfen. Das Datentypenkonzept soll allerdings nur am Rande berührt und erst in der folgenden Sequenz eingehender betrachtet werden, da einerseits der Aufgabentyp dieser Reihe nur wenige geeignete Anwendungsbeispiele bietet, andererseits die Lerngruppe nicht überfordert werden soll.

Der erste, wichtige Schritt der Projektphase stellt die Anforderungsanalyse und die damit verbundene Zergliederung in Teilanforderungen dar. Allgemeine und umgangssprachliche Formulierungen müssen konkretisiert und auf ein erstes Modell übertragen werden. Es sind (Sub-)Klassen (z. B. Spielfeld, Spielfigur [Gegner, Spieler], Punkte, Mauer, halb durchlässige Mauer) zu bestimmen sowie Attribute, Methoden und Klassenbeziehungen zuzuordnen.

Attribute
- Spielfeld: Länge, Breite, Größe eines Feldes, Hintergrundfarbe bzw. -bild
- Spielfigur: Spielfeldposition, Aussehen (Dateipfad für Bild),
  Laufgeschwindigkeit, Laufrichtung
- Punkte/ Mauer: Spielfeldposition, Aussehen

Methoden
- Spielfeld: Initialisierung (Setzen der Objekte auf Anfangsposition)
- Spielfigur: Vorwärtsbewegung, Drehen, Fressen, Hindernis erkennen, Tunnel
  durchqueren, Spielende
  o Gegner: Laufrichtung automatisch bestimmen, durchqueren der halb
    durchlässigen Mauer nach oben
  o Spieler: Richtungswechsel nach Tastatureingabe (Cursor)
- Punkte/ Mauer: keine

Klassenbeziehungen
- Spielfeld: hat Mauern, Punkte und Spielfiguren
- Spielfigur: kennt Mauern
  o Gegner: kennt Spieler
  o Spieler: kennt Punkte
- Punkte/ Mauer: keine

Damit die Aufgabe nicht zu komplex wird, müssen einige verzichtbare Teilanforderungen (zunächst) ausgeklammert werden:
- Level
- mehrere Leben
- extra Punkte
- Spieler kann Gegner fressen
- Sound
- Punkteanzeige

Bei der Bewegungsstrategie der gegnerischen Spielfiguren sollen die Schüler der Einfachheit halber zunächst nur eine Zufallsbewegung implementieren. Sollte die Lerngruppe zügig vorankommen, können die Bewegungsstrategie optimiert sowie Sound und Punkteanzeige noch hinzugenommen werden.

Im Zuge der Projektphase besteht für die Lerngruppe insbesondere die Anforderung, die Entwicklung weitestgehend selbst zu planen und voranzutreiben, sich untereinander abzustimmen, sich zu unterstützen, gegebenenfalls Hilfestellungen auch vom Lehrer einzufordern, kontinuierlich über den Arbeitsfortschritt zu informieren, Implementationen zu testen und zu integrieren. Struktur und Lernschrittfolge der Projektphase werden einerseits durch die Teilanforderungen, andererseits durch die Planung der Schüler bestimmt. Sie können zwar prinzipiell durch Eingriffe des Lehrers korrigiert werden, dies soll allerdings nur in begründeten Ausnahmefällen erfolgen.

Hubwieser geht für Unterrichtsprojekte von einer Phaseneinteilung aus, die aufgrund des gemeinsamen Prinzips der Problemorientierung zwangsläufig der Struktur gängiger Vorgehensmodelle bei der Softwareentwicklung entspricht. Die Phasen, die hierbei durchlaufen werden sollen, sind die Problembegegnung, die informelle Problembeschreibung, die formale Modellierung, die Implementierung und Realisierung sowie die Bewertung.[34] Auch Koerber/Peters empfehlen den prototypischen Problemlösungsprozess als Strukturierungsgrundlage für den Informatikunterricht.[35] In ihm bestehe „der prinzipielle didaktische Weg, um mit dem Werkzeug Computer im Unterricht zu realitätsnahen Problemlösungen zu gelangen."[36] Diese übergeordnete Struktur kann allerdings nur für linear angelegte Entwicklungsprozesse, nicht jedoch bzw. nur bedingt für agile Vorgehensweisen gelten. Denn bei XP werden die Phasen kleinschrittiger, dafür aber immer wieder neu, und zwar für jede Story, durchlaufen. Für den Unterricht ist das aber prinzipiell sogar günstiger zu beurteilen, allerdings nur, wenn man darauf achtet, dass der Umfang der Teilprobleme (Storys) so begrenzt wird, dass alle Phasen möglichst innerhalb einer bis maximal drei zusammenhängender Unterrichtseinheiten durchlaufen werden. Aus der Struktur des Problemlöseprozesses ergibt sich die Lernschrittfolge der Unterrichtseinheit. Durch die Begegnung mit gleichartigen oder neuen Problemstellungen wird diese Struktur mehrmals wiederholt, die Lernprogression vollzieht sich im sukzessiven Annähern an die formulierten Standardkonkretisierungen.

---

[34] Vgl. [Hub04], S. 71.
[35] Vgl. [KoeP93], S. 5.
[36] [KoeP93], S. 8.

III.6 Gestaltung der Lernsituationen

(Begründung der methodischen Entscheidungen)

Um aussagekräftige und hinreichende Beobachtungen im Hinblick auf den Untersuchungsschwerpunkt sammeln zu können, sollten die Vorgehensweisen des XP in einem wesentlichen Maße zum Tragen kommen. In diesem Zusammenhang ist zu berücksichtigen, dass XP nur in Projektform umgesetzt werden kann. Unterstützend hierzu kann Hubwiesers Ansicht herangezogen werden, dass „[d]ie erste Begegnung mit neuen Lerninhalten [...] möglichst innerhalb von größeren Unterrichtsprojekten stattfinden"[37] soll. Allerdings sehe ich verschiedene Probleme für den Fall, dass diese Unterrichtsreihe bereits ab der ersten Stunde projektartig durchgeführt wird. Da die Schüler mehrheitlich keinerlei Vorwissen haben, könnte sich gleich zu Beginn ein Gefühl der Überforderung einstellen. Produktiver wäre es, wenn sich die Kursteilnehmer in Bezug auf ihre ersten Programmiererfahrungen zunächst ein gewisses Selbstvertrauen erarbeiten. Die fehlenden Erfahrungen in dieser Arbeitsform haben außerdem zur Folge, dass die Schüler Aspekte wie Schwierigkeitsgrad, Umfang, benötigte Bearbeitungszeit für (Teil-)Probleme noch nicht einschätzen und keinerlei Aussage darüber treffen können, was sie für die Problemlösung benötigen bzw. können müssen. Agile Softwareentwicklungsmodelle begegnen dieser Schwierigkeit durch Experimentierphasen (Spike Solutions), die dem eigentlichen Projekt vorgeschaltet werden. Weigend betont, dass Spike Solutions von besonderer Bedeutung sind und ihnen ausreichend Zeit eingeräumt werden muss.[38] Hierfür eigne sich z. B. „ein ausgearbeitetes Lernarrangement mit Erkundungsaufgaben und Experimenten".[39] Um solch eine Phase zu ermöglichen, erhalten die Schüler das Einstiegsszenario mit adäquaten Lernmaterialien und Aufgabenstellungen. Hierbei scheint mir vor allem wegen der fehlenden Anknüpfungspunkte auf Seiten der Schüler eine engere Begleitung durch den Lehrer angemessener zu sein als ein komplett offenes Lernarrangement. Die ersten Unterrichtsstunden werden daher auf der üblichen Phaseneinteilung (Einstieg/Problematisierung, Erarbeitung, Sicherung) basieren, wobei Unterrichtsgespräch, Einzel- und teilweise Partnerarbeit die Hauptsozialformen bilden.

Die nunmehr zu treffende Entscheidung ist, wann der Wechsel des Unterrichtsarrangements, der Eintritt in die Projektphase, erfolgen soll. Je länger und vielseitiger die Grundlagen eingeübt werden, desto besser können die Schüler möglicherweise die Entwicklung des Computerspiels vorantreiben. Allerdings zieht sich die Unterrichtsreihe damit vielleicht unnötig in die Länge. Außerdem gestaltet sich die Experimentierphase eher kleinschrittig, was auf längere Sicht ermüdend sein kann. Hinzu kommt, dass trotz Binnendifferenzierung dem unterschiedlichen Leistungsniveau nur bedingt Rechnung getragen werden kann. Auf

---

[37] [Hub04], S. 70.

[38] Vgl. [Wei05], S. 5.

[39] Ebd.

der anderen Seite müssen wahrscheinlich umso öfter Hilfestellungen gegeben oder Instruktionsphasen eingeschoben werden, je früher der Übergang in die Projektphase erfolgt. Letztlich befasst sich die geplante Projektphase aber nicht schwerpunktmäßig mit dem Thema Softwareentwicklung, sondern primär mit den Aspekten, die in Kapitel III.4 und Kapitel III.5 dargestellt wurden. Das Unterrichtsarrangement des Projektunterrichts ist also nicht Selbstzweck, sondern vielmehr Mittel. Gerade das Ziel, eine schüleraktive Lernumgebung zu schaffen, gibt schließlich den entscheidenden Ausschlag dafür, möglichst früh in die Projektphase einzutreten. Mithin geht Hubwieser davon aus, dass auch Unterrichtsprojekte Festigungsphasen beinhalten sollten, innerhalb derer „systematisiert, eingeordnet, wiederholt, zusammengefasst sowie direkt und apponiert [...] geübt werden kann."[40]

Die konkrete Ausgestaltung der Projektphase richtet sich hauptsächlich an den in Kapitel II.2 beschriebenen Elementen von XP aus. Ein methodisches Vorgehen lernt man zweifellos am besten, wenn nicht sogar ausschließlich, indem man es selbst praktiziert. Dennoch müssen die Eckpunkte und Regeln dafür vorab klar definiert sein. Recherchearbeiten zu XP, z. B. über das Internet, sollten den Schülern hierfür jedoch nicht zugemutet werden, da das Informationsangebot zu dieser Thematik zu vielfältig ist, als dass die Lerngruppe auf diesem Weg zügig und ohne sich zu verlieren zu brauchbaren Ergebnissen kommt. Den Schülern könnte stattdessen aufbereitetes Material zur Verfügung gestellt werden. Wollte man XP als Lerninhalt in den Mittelpunkt einer Unterrichtsreihe stellen, ließen sich die einzelnen Vorgehensweisen beispielsweise in Form eines Gruppenpuzzles erarbeiten. Aber XP soll von den Schülern nicht als Lerninhalt, sondern lediglich als methodischer Zugriff verstanden werden[41] und ist entsprechend zu gewichten. Im Hinblick auf eine transparente und zielführende Unterrichtsgestaltung besteht hierin eine besondere Planungsaufgabe. Für mich liegt es am nächsten, der Lerngruppe die XP-Methoden in Form kurzer Unterweisungen an die Hand zu geben. Die Möglichkeit, das Standup-Meeting – also XP selbst – hierfür zu nutzen, wäre insofern eine unglückliche Wahl, da der Zweck dieses Treffens ja ein ganz anderer ist. Um XP in einer (vermeintlichen) Reinform leben lassen zu können, sollten die Unterweisungen stattdessen weitgehend vorangestellt werden, jedoch situativ-korrigierende Eingriffe vorbehalten bleiben. Ein Lehrervortrag, der versucht, dieses in prägnanter Form zu leisten, kann möglicherweise zugleich als Kontrastprogramm fungieren, um auf diese Weise die nachfolgenden Schritte doppelt zu motivieren.

---

[40] [Hub04], S. 70 f. Zu dem vermeintlichen Widerspruch aus Hilfestellungen, Instruktionsphasen einerseits und Schüleraktivität andererseits vergleiche Kapitel II.1.2.

[41] Das ist natürlich insofern nicht optimal, da Methoden der Informatik, insbesondere die der Problemlösung, ja selbst auch Lerninhalte sind. Eine saubere Trennung scheint letztlich nicht möglich zu sein. Man wird informatische Probleme nicht lösen können, wenn man nur die Methoden kennt, nicht aber die zur Lösung notwendigen Strukturen. Anders herum nutzt das Kennen der Strukturen nichts, wenn man nicht in der Lage ist, einer Problemstellung mit methodischem Vorgehen zu begegnen. Aus lerntheoretischen Überlegungen heraus sollte aber ein Lerninhalt fokussiert werden.

Bleibt an dieser Stelle noch, die Auswahl der einzelnen XP-Methoden zu begründen und Probleme oder Schwierigkeiten zu antizipieren, die auftreten könnten.[42] Das Standup-Meeting – Sozialform, Methode und Unterrichtsphase in einem – dient der regelmäßigen Kommunikation aller am Projekt Beteiligten. Hier ist der Ort, an dem die Schüler gegenseitig von ihren Erfahrungen berichten und ihre nächsten Handlungsschritte planen sollen. Sie vergleichen ihren eigenen Fortschritt untereinander und behalten damit auch den Überblick über den Entwicklungsstand des Gesamtprojekts. Das Standup-Meeting ist das Einstiegsritual der Informatikstunden während der Projektlaufzeit. Davon, dass die Lernenden hierzu ihre normale Sitzhaltung verlassen und den Platz im Raum einnehmen, an dem sich gewöhnlich der Lehrer vor der Klasse positioniert, erhoffe ich mir eine äußere Signalwirkung, die sich auf die innere Arbeitseinstellung überträgt. Die Berichterstattung der Programmierpaare kann wesentlich zur Wiederholung von Lerninhalten beitragen, insbesondere neu hinzugekommener. Da diese Phase zügig ablaufen soll, sind die Schüler außerdem gezwungen, präzise Beschreibungen zu finden und sich auf das Wesentliche ihrer Arbeit zu konzentrieren. Letzteres dürfte aber im Hinblick auf die beschriebenen Eingangsvoraussetzungen gerade am Anfang einiger Übung bedürfen. Außerdem besteht die Gefahr eines schleppenden, ineffektiven und letztlich kontraproduktiven Stundenbeginns, da diese Form neu und ungewohnt für die Lerngruppe ist und die Kommunikation innerhalb des Kurses noch stark zu wünschen übrig lässt (siehe Kapitel III.1.1). Ich halte das Standup-Meeting jedoch für so wesentlich, dass ich diese Wagnisse eingehen möchte. Das Ziel ist ja gerade, die beschriebenen Probleme abzubauen.

Die Formulierung der Systemmetapher stellt zwar nichts Geringeres als die gemeinsame Vereinbarung eines Handlungsproduktes dar. Allerdings kann das Ziel, die Schüler von Beginn an an der Unterrichtsplanung zu beteiligen, nicht bedeuten, dass sich Lehrer und Schüler erst zu diesem Zeitpunkt einigen, dass und was für ein Computerspiel programmiert werden soll. Die Überlegungen und Besprechungen hierzu müssen schon im Vorfeld stattgefunden haben. Die Abfassung der Systemmetapher im Unterricht simuliert den Auftrag eines Kunden an ein Entwicklungsteam. Sie ist eher ein formaler Akt, mit dem das Projekt gestartet und die konkrete Zielvereinbarung festgeschrieben wird, erlangt hieraus aber auch ihr besonderes Gewicht.

Da sich die konkrete Funktionalitätsanforderung des Computerspiels in seinen Klassen und deren Methoden widerspiegelt, scheint es sinnvoll, die Schüler ausgehend von der Systemmetapher zunächst eine Klassenübersicht erstellen und anschließend CRC-Karten schreiben zu lassen. Die Bedeutung des Erstellens von CRC-Karten und Benutzergeschichten (Storycards) liegt für den Unterricht darin, die Schüler zu einem planvollen Vorgehen zu verhelfen (bzw. zu zwingen). Die Anfertigung der Karten beschreibt die Zergliederung der

[42] Hierbei möchte ich mich auf unterrichtliche Aspekte beschränken. Insbesondere versuche ich, Wiederholungen von Aussagen aus Kapitel II.2 zu vermeiden.

übergeordneten, komplexen Aufgabenstellung in Teilprobleme bei gleichzeitig zunehmendem Detaillierungsgrad. Für die Analysephase (Problembeschreibung) sind die Karten Methode und zugleich ihr Produkt, sind Arbeitsgrundlage für die Entwurfsphase (formale Modellierung), dokumentieren wesentliche Arbeitsschritte und sichern auf diese Weise Zwischenergebnisse. Zwei Probleme bestehen für diese Arbeitsmethode:

1. Da CRC-Karten ursprünglich handbeschriftete Karteikarten sind, hängt deren Verwendbarkeit von ihrer Lesbarkeit und Übersichtlichkeit, das bedeutet von der Handschrift, der Erfahrenheit und nicht zuletzt der Motivation ihrer Ersteller ab. Wenn die Karten wirklich als Arbeitsgrundlage und auch als Ergebnissicherung dienstbar gemacht werden sollen, muss ein formaler Mindeststandard sichergestellt werden. Deswegen habe ich auf der Grundlage einer Klasse des Einstiegsszenarios eine Textverarbeitungsvorlage für eine CRC-Karte erstellt und sie den Schülern zum Bearbeiten und Ausdrucken zur Verfügung gestellt.

2. Irgendwann, ab einer bestimmten Anzahl von Karten, droht die Übersicht verloren zu gehen. Ich entscheide mich daher gegen die Erstellung eigener Storycards. Die zu bearbeitenden Benutzergeschichten sollten für dieses Projekt ebenso gut die auf den CRC-Karten vermerkten Methoden liefern können. Diese Abwandlung hat gleichzeitig den Vorteil, dass die Anforderung, eine bestimmte Methode zu entwerfen und zu implementieren, vom Umfang her mehrheitlich so begrenzt sein dürfte, dass sie auch in relativ kurzer Zeit (ein bis zwei Unterrichtsstunden) erledigt werden kann. Somit sollten in dieser Hinsicht keine größeren Schwierigkeiten auftreten.

Die schriftliche Fixierung der Analyseergebnisse mithilfe der CRC-Karten ermöglicht schließlich dem Lehrer, den Arbeitsfortschritt zu verfolgen und zu erkennen, inwieweit Hinweise, Hilfestellungen oder korrigierende Eingriffe notwendig sein könnten.

Die zentrale Anforderung von XP, Implementationen zu testen, stellt für diese Unterrichtsreihe ein großes Problem dar, denn es soll sich um automatisierte Tests handeln, die von den Entwicklern selbst, und zwar als allererstes, programmiert werden. Auf diese Weise „wird jede Zeile Code durch einen Testfall motiviert, der zunächst fehlschlägt."[43] Hierin liegt zwar normalerweise der entscheidende Vorteil dieses Vorgehens, allerdings ist es in einem Anfängerkurs so nicht zu leisten. Aber auch die Alternative, dass der Lehrer hier einspringt und in Vorleistung geht, ist nicht sinnvoll. Eingriffe durch den Lehrer in das von den Schülern betriebene Projekt, begleitet von Sätzen wie: „Ich hab da schon mal etwas vorbereitet ..." würden den Charakter der Selbständigkeit untergraben. Um es nicht unnötig zu verkomplizieren, sollte es im Rahmen der überschaubaren Anforderungen genügen, wenn die Schüler ihre Programmfragmente ausprobieren. Da es sich um die Erstellung eines Computerspiels handelt, werden die Schüler ohnehin motiviert genug sein, ihre

---

[43] [Wes01].

Entwicklungen auszukunden und selbst zu testen. Nicht zuletzt bietet *Greenfoot* hier auch entscheidende Vorteile, die man schließlich nicht ungenutzt lassen sollte.

Dem Programmieren in Paaren und der Rotation bei der Zusammensetzung der Paare messe ich, ähnlich wie dem Standup-Meeting, erhöhte Bedeutung im Hinblick auf den Darstellungsschwerpunkt zu. Deswegen sollten die Schüler hier, selbst wenn es anfänglich Unbehagen bei ihnen auslösen sollte, zu konsequenter Umsetzung angehalten werden. Schüler könnten teilweise argumentieren, dass sie schneller oder effektiver vorankämen, wenn sie allein am Rechner arbeiten. Es ist aber anzustreben, dass sie die Vorteile kooperativer Zusammenarbeit schätzen lernen. Für das Problem, dass der Kurs aus einer ungeraden Anzahl von Teilnehmern besteht, gibt es drei Lösungsalternativen. Die schlechteste ist wahrscheinlich, jeweils eine Dreiergruppe aufzustellen. Schon allein die Arbeitsplatzorganisation, drei Schüler vor einem PC, verbietet diese Variante. Stattdessen könnte ein Schüler entweder alleine arbeiten oder aber ein Programmierpaar mit dem Lehrer bilden, der sich allerdings zurückhalten sollte. Letztere Variante würde die Möglichkeit einer intensiven und individuellen Überprüfung von Leistungsstand und Fähigkeiten bieten. Kaum an anderer Stelle bietet sich im Unterricht solch eine Gelegenheit. Angesichts der Kursgröße wäre durch die angestrebte Rotation tatsächlich jeder Schüler mindestens einmal in dieser Rolle. Der Nachteil dieser Lösung liegt darin, dass der Lehrer bei Beratungsbedarf der anderen Programmierpaare immer wieder herausgerissen wird. Eine Kompromisslösung sollte daher sein, dass jeweils ein Schüler weitestgehend allein arbeitet, gegebenenfalls den Vorrang bei der Unterstützung durch den Lehrer erhält und von ihm verstärkt zwecks Leistungsbeurteilung beobachtet wird. Die paarweise Zusammensetzung besteht selbstverständlich nicht nur für die Implementierungsphase, sondern ab dem Zusammenfinden im Zuge des Standup-Meetings.

Über die kontinuierliche Integration fertig gestellter Programmfragmente in eine gemeinsame Version präsentieren die Programmierpaare ihre Arbeitsergebnisse. Sie sollen darstellen, welche Aufgabe sie auf welche Art und Weise gelöst haben. Hier kommt es nicht nur darauf an, dass der betreffende Programmteil fehlerfrei funktioniert, sondern den Quellcode so zu gestalten (Einrückungen, Kommentare), dass er von den anderen Schülern nachvollzogen werden kann und damit zum Vergleich und zur Anregung dient. Die jeweils letzte Version wird durch den Lehrer allen Schülern sowohl auf ihren Dateiverzeichnissen als auch über die Online-Lernumgebung *lo-net* zur Verfügung gestellt. Auf diese Weise kann die Ergebnissicherung gewährleistet werden. Für die Ergebnissammlung und -präsentation bildet die räumlich-technische Ausstattung (siehe Kapitel III.1.2) ideale Voraussetzungen.

Die Sozialformen der Projektphase werden hauptsächlich durch XP vorgegeben. Das Standup-Meeting entspricht in gewisser Weise der Form des Plenums, wobei hier sichergestellt werden kann, dass prinzipiell jeder Schüler zu Wort kommt. Ansonsten wird paarweise gearbeitet. Lediglich kleinere systematisierende Instruktionseinschübe werden im Unterrichtsgespräch durchgeführt.

28

III.7 Synopse

Auf der Grundlage der bisherigen Überlegungen ergibt sich folgende Verlaufsplanung für die Unterrichtsreihe. Wegen verschiedener Termine (Ausbildungsveranstaltung, zentral festgelegter Klausurtermin und Studientag) ist sie über eine größere Anzahl von Kalenderwochen angelegt worden. Für die Reihenfolge der einzelnen Arbeitsschritte der Projektphase, so wie sie in der Planung antizipiert wurde, ist mit der Möglichkeit zu rechnen, dass die Schüler durch ihre selbständige Vorgehensweise in Teilen von ihr abweichen. Hinsichtlich der mehrmaligen Anführung von Standardkonkretisierungen an dieser Stelle ist zu berücksichtigen, dass sie in Kapitel III.4 bezogen auf die Unterrichtsreihe formuliert und bei der Planung der Einzelstunden teilweise nochmals aufgegliedert und sowohl in ihrer jeweiligen inhaltlichen Verknüpfung als auch leistungsdifferenzierend präzisiert wurden. Zudem verweise ich auf die Schlussausführungen des Kapitels III.5 zur Lernprogression.

Phase	Stunde	Inhalte		Standard-bezug	Schüleraktivität
		Gegenstandsbereich	Material/Texte		

Einführung 46. Kalenderwoche	1.	Einstieg in die Unterrichtsreihe:
		– Überblick über die Ziele der Reihe
		– Kennenlernen der Entwicklungsumgebung
		– Klassen, Objekte und Methoden
		  o Erzeugen und untersuchen von Objekten
		  o Methodenaufruf per Mausklick
			– Greenfoot, Einstiegsszenario	– Sk_0
				– Sk_1
					– Anknüpfung an Alltagswelt und Erfahrungsbereich der Schüler
					– konkrete, anschauliche Problemstellung
					– Beteiligung an der Unterrichtskonzeption
					– gemeinsame Vereinbarung eines Handlungsprodukts

Einarbeitung 46. - 47. Kalenderwoche	2. - 5.	Erkundung und Experimente: – automatischer Methodenaufruf (`act()`) – Kontrollstrukturen: einseitige, zweiseitige Auswahl, Mehrfachauswahl, Zählschleife – Programmieren eigener Methoden o `rechtsUm()`, `umMauer()`, `ausLabyrinth()`, `folgePfad()`, `setzeMauern()`	– Greenfoot, Einstiegsszenario – kursinternes Wiki, Artikel „Algorithmik im Kleinen"	– Sk_0 – Sk_1 – Sk_2 – Sk_3	– konkrete, anschauliche Problemstellung – entdeckendes Problemlösen – individuelle Denkzeiten

Phase	Std.	Inhalte – Gegenstandsbereich	Material/Texte	Standard-bezug	Schüleraktivität
48. Kalenderwoche Einarbeitung	6.	Problemstellung Computerspielentwicklung: – Einführung XP – erstes Standup-Meeting, Formulierung der Systemmetapher – Erstellen einer Klassenübersicht	– Kurzfilm: „A Tribute to Pac-Man"[44] – Präsentationsfolien	– Sk₄ – Sk₆ – Sk₇ – Sk₈	– Beteiligung an der Unterrichtskonzeption – gemeinsame Vereinbarung eines Handlungsprodukts – konkrete, anschauliche Problemstellung

48. - 50. Kalenderwoche Projektphase	7.	Anforderungsanalyse und erster Modellentwurf:
		– Erarbeitung der Anforderungen für CRC-Karten
		– Anfertigen von CRC-Karten
		  o Analyse der Teilanforderungen und Relationen zu anderen Klassen
		  o Festlegung notwendiger Attribute und Methoden
			– CRC-Karten-Vorlage	– Sk₅
				– Sk₆
				– Sk₇
				– Sk₉
					– Beteiligung an der Unterrichtskonzeption
					– offene Lernumgebung
					– Entscheidungssituationen
					– Aktivitäten der Zusammenarbeit

	8.	Spielentwicklung I
		– Überarbeitung der CRC-Karten
		– Anlegen der Klassen Spielfeld, Spieler, Gegner in Greenfoot mit ihren Attributen
		– Analyse, Entwurf, Implementierung, Test und Integration einer Teilanforderung je Klasse/Programmierpaar
		  o vor() und istFrei() in act()-Methode
		  o setzeSpielfiguren()
			– CRC-Karten
			– gemeinsames Spielszenario
				– Sk₅
				– Sk₅
				– Sk₆
				– Sk₇
				– Sk₈
				– Sk₉
					– Beteiligung an der Unterrichtskonzeption
					– gemeinsam vereinbartes Handlungsprodukt
					– konkrete, anschauliche Problemstellung
					– offene Lernumgebung
					– Entscheidungssituationen
					– Aktivitäten der Zusammenarbeit
					– entdeckendes Problemlösen

[44] Quelle: http://alex.nigma.info/2006/secret-project-has-a-name-and-is-released-a-tribute-to-pac-man. Letzter Zugriff: 19.03.2008.

Phase	Std.	Inhalte		Material/Texte	Standard-bezug	Schüleraktivität
		Gegenstandsbereich				

Projektphase 51. Kalenderwoche	9. - 10.	Spielentwicklung II/Datentypen, Variablen und Parameter:
		– Einführung in das Variablen-, Datentypen- und Parameterkonzept
		– Analyse, ... (wie zuvor)
		  ○ Spieler: `tastenAbfrage()`
		    ■ (Greenfoot-Methode `isKeyDown()`)
		  ○ Gegner: `wegSuche()`
		    ■ (Greenfoot-Methode `getRandomNumber()`)
		  ○ Spielfigur(Superklasse): Modifizierung `istFrei()`
		  ○ Spielfeld: `setzeTuerEin()`
				– CRC-Karten
				– gemeinsames Szenario, erweitert um Mauern und Punkte
					(wie zuvor)	(wie zuvor)

	11.	Spielentwicklung III: Erweiterung und Optimierung
		– Analyse, ... (wie zuvor)
		  ○ Spieler/Gegner: `fressen()`, `durchTunnel()`
		    ■ (Greenfoot-Methode `setLocation()`)
		  ○ Gegner: Modifizierung `wegSuche()`
		  ○ Spielfeld: `erstellePunkteAnzeige()`
				– CRC-Karten
				– gemeinsames Szenario, erweitert um Punkteanzeige
					(wie zuvor)	(wie zuvor)

	12.	Spielentwicklung IV: Erweiterung und Optimierung
		– Analyse, ... (wie zuvor)
		  ○ Gegner/Spieler: `aktualisiereAnzeige()`
		  ○ Spieler/Gegner: Spielstopp, Sound
		    ■ (Greenfoot-Methoden `stopSimulation()`, `playSound()`)
				(wie zuvor)	(wie zuvor)	(wie zuvor)

IV Darstellung und Analyse des durchgeführten Unterrichts

Die nachfolgenden Ausführungen sind primär erkenntnisorientiert, und zwar im Hinblick auf den Untersuchungsschwerpunkt, angelegt. Daher soll insbesondere auf die Wiedergabe detaillierter Einzelplanungen sowie weitestgehend auf wiederholte Darstellungen ähnlicher Beobachtungen aus verschiedenen Stunden verzichtet werden. Um zu einer angemessenen Gesamtbeurteilung kommen zu können, richtet sich der Blick darüber hinaus z. T. auch auf jene Schüleraktivierungen, die nicht durch XP, sondern anderweitig herbeigeführt wurden.[45]

VI.1 Einführungsphase (1. Stunde)

VI.1.1 Ziele

Die erste Stunde der Unterrichtsreihe hatte verschiedene Aufgaben. Zunächst galt es, das Vorhaben und die Ziele der Reihe für die Schüler transparent zu machen. In diesem Zusammenhang sollte auch konkretisiert werden, was für ein Computerspiel programmiert wird. Schließlich sollten die Schüler mit *Greenfoot* vertraut gemacht und implizit an die objektorientierte Sichtweise herangeführt werden.

VI.1.2 Darstellung und Analyse

Die Motivation war von Beginn an äußerst hoch. So gab es verschiedene Wortmeldungen in der Richtung, dass es jetzt endlich losginge oder dass man sehr gespannt sei. Die Stimmung war für diesen Kurs ungewohnt gelöst und ich überlegte, ob bzw. inwieweit ich die hohen, aber unspezifischen Erwartungen, die die Schüler mit dem Begriff Programmierung verbanden, bremsen sollte. Ich bot ihnen zunächst einen Überblick darüber, wie die Unterrichtsreihe angelegt sein sollte und äußerte meine Vorstellungen, dass man ein *Pac-Man*-Spiel programmieren könnte. Es kam der Gegenvorschlag, *Tetris* zu programmieren. Die Mehrheit äußerte jedoch, *Pac-Man* sei cool, kenne man vom Mobiltelefon und sei vielleicht auch einfacher. Vor allem Schüler E und Schüler F stellten Überlegungen an, welche unterschiedlichen Anforderungen bei den beiden Spielen zu berücksichtigen seien und beeinflussten damit vornehmlich die Entscheidungsfindung. Ich konnte mich stark zurückhalten und die Diskussion laufen lassen. Dieser Vorlauf kam mir sehr entgegen, da der Kurs bei der Auswahl ja weitgehend selbstbestimmt vorgehen sollte.

Nachdem sich die Schüler schließlich auf *Pac-Man* festgelegt hatten, stellte ich den Schülern *Greenfoot* vor. Dazu sollte jeder selbst das Programm an seinem Rechner starten. Erwartungsgemäß fanden die Schüler das Programm sehr ansprechend, wenn sie auch etwas ungläubig fragten, was das denn mit Programmierung zu tun habe. Ich erklärte ihnen kurz die Hintergründe und den groben Aufbau von *Greenfoot*, anschließend sollte jeder Schüler das Einstiegsszenario aus seinem Homeverzeichnis heraus öffnen. Die Schüler experimentierten auf spielerische Art und machten so erste Erfahrungen in der Handhabung

---

[45] Das betrifft vornehmlich die Ausführungen unter VI.1 und VI.2.

des Programms. Am Ende wussten sie, wie sie aus dem Klassenbrowser heraus Objekte erzeugen und Methoden über das Kontextmenü eines Objekts aufrufen können. Schüler A, Schüler G und Schüler E hatten auch schon mal einen Blick in den Quellcodeeditor geworfen. Zum Stundenschluss konnte ich anhand spontaner Äußerungen und durch Nachfragen feststellen, dass die Stimmung von antreibender Begeisterung (Schüler E) über eine (positiv zu wertende) Ungeduld ob fehlender konkreter Programmierergebnisse (Schüler A, Schüler G) bis hin zu einer unschlüssig-abwartenden Haltung (Schüler B, Schüler D) variierte.

VI.1.3 Reflexion bezogen auf den Darstellungsschwerpunkt

Per Saldo konnte ich davon ausgehen, dass mit dieser Stunde eine Einstiegsmotivation gelungen war, die das Fundament für die Reihe bilden sollte. Bei der Diskussion um die Art des zu programmierenden Computerspiels verhalfen vor allem das Interesse und das Engagement einiger Schüler dazu, dass das Ziel, sie an der Unterrichtskonzeption zu beteiligen, zumindest ansatzweise erreicht wurde. Angesichts der bisherigen Beteiligung in solchen Fragen (siehe Kapitel III.1.3) hätte ich von diesem Verlauf jedoch nicht unbedingt ausgehen können und auch mit einem diskussionsfreien Abnicken meines Vorschlags rechnen müssen. Dass auch nur ein Gegenvorschlag kam, unterstreicht diesen Punkt. Eine noch stärkere Einbindung der Schüler in die Planung hätte man an dieser Stelle stattdessen vielleicht erreichen können, wenn man ihnen mehrere Vorschläge unterbreitet hätte und sie eine überlegte Auswahl hätte treffen lassen. Für eine solche Vorgehensweise ist allerdings ein erhöhter Vorbereitungsaufwand einzukalkulieren, da verschiedene Spiele zunächst auf ihre Tauglichkeit hinsichtlich der Ziele und des Umfangs der Unterrichtsreihe überprüft werden müssten. Denkbar wäre, im Zuge künftiger, ähnlich angelegter Reihen ein gewisses Repertoire aufzubauen, auf das dann jeweils zurückgegriffen werden könnte.

Dennoch, es wurde für den Einstieg in die Programmierung offensichtlich eine Problemstellung gefunden, die an die Lebenswelt der Schüler anknüpft sowie leicht verständlich und zugänglich ist. Dadurch konnten die Schüler zusätzlich zu ihrer Erwartungshaltung motiviert werden.

VI.2. Einarbeitungsphase (2. - 6. Stunde)

VI.2.1 Ziele

Während der Einarbeitungsphase hoffte ich, Eindrücke zur Arbeitsweise der Schüler (Motivation, Kommunikationsverhalten, Vorgehensweise, Lernerfolg) bei der Programmierung zu bekommen, um diese dann den Beobachtungen der Projektphase gegenüberstellen zu können. Wichtig war in diesem Zusammenhang auch, Leistungsunterschiede zu analysieren und eventuelle Schwierigkeiten für die späteren Stunden zu antizipieren.

Die Schüler sollten einfache Problemstellungen beschreiben, analysieren, Modelle entwerfen, diese implementieren und sich auf diese Weise die Grundlagen und Voraussetzungen für die Projektphase erarbeiten. Die Aufgaben waren in ihrer Abfolge zunehmend anspruchsvoller, aber trotzdem zumeist so angelegt, dass die Schüler ihr Vorwissen und bisherigen Erfahrungen einbringen und zunehmend eigenständiger arbeiten sollten.

VI.2.2 Darstellung und Analyse

Obwohl die Schüler die Problemstellungen in dieser Phase einzeln bearbeiten sollten, konnten auch schon Kooperationen angebahnt werden, indem leistungsstärkere Schüler (Schüler G, Schüler A) die Aufgabe erhielten, Hilfestellungen zu geben, wenn andere Kursteilnehmer (Schüler B, Schüler C) Schwierigkeiten hatten. Die Schüler waren mehrheitlich engagiert dabei, die einführenden Experimentier- und Übungsaufgaben zu lösen, zeigten dabei persönlichen Ehrgeiz aber auch Interesse für alternative Lösungen ihrer Altersgenossen. Einige probierten sich zudem auch an eigenen Aufgabenstellungen. Schüler A stellte seine Programmiererfahrungen eindrucksvoll unter Beweis, sodass ich alsbald darauf achten musste, für ihn zusätzliche oder anspruchsvollere Aufgaben bereitzuhalten.

Nur Schüler D und Schüler B neigten, wie schon in den Unterrichtsreihen zuvor, zu einer etwas lustlosen Arbeitseinstellung und versuchten häufig, durch Abtippen der Lösungen ihrer Banknachbarn zu einem Ergebnis zu kommen. Dadurch, dass der Rest des Kurses aber weitgehend selbständig arbeitete, konnte ich mich verstärkt diesen beiden Schülern zuwenden, um sicherzustellen, dass sie am Ende der Einarbeitungsphase in der Lage sind, einfache Algorithmen mithilfe von Steuerstrukturen zu entwerfen und zu implementieren. Im Gegensatz zu Schüler D und Schüler B zeigte sich Schüler C zwar motiviert, aber mit größeren Verständnis- und Abstraktionsschwierigkeiten. Hier nutzte ich die Chance, ihm Schüler A, seinen Banknachbarn, gelegentlich zur Seite zu stellen. Schüler A gab sich Mühe, Schüler C nicht einfach nur Lösungen zu präsentieren, sondern ihn bei der Ergebnisfindung zu unterstützen.

Bei der Einführung zu XP zeigten sich die Schüler offen und das spätere Standup-Meeting lief wesentlich unverkrampfter ab, als ich es erwartet hatte. Nachdem ich den Projektauftrag in Form der Systemmetapher erteilt hatte, zog ich mich aus dem Kreis zurück. Die Schüler übernahmen sofort die Regie. Sie gingen eigenständig daran zu überlegen, welche Klassen sie benötigen, und hielten dazu an der elektronischen Tafel eine einfache Übersicht fest, die zwecks späterer Wiedervorlage abgespeichert wurde. Schüler E und Schüler G erwiesen sich abermals als treibende Kräfte, ich musste die Gruppe daran erinnern, dass jeder Schüler nur einen Vorschlag vorbringen möge, damit tatsächlich alle zu Wort kommen. Die Besprechung gewann schließlich einen eigendynamischen Charakter, der nicht hätte vermuten lassen, dass die Schüler erstmalig mit dieser Methode arbeiteten. Sie besprachen auch schon einige Anforderungen, die einzelne Klassen zu leisten hätten und verabredeten sich bereits für die Bearbeitung der CRC-Karten in der folgenden Stunde zu Paaren. Die Schüler beschlossen, dass es sich nur für die drei Klassen Spielfeld, Gegner und Spieler lohnt, CRC-Karten anzulegen. Schüler D, der als Siebenter übrig geblieben war, schlug sich dem Paar zu, das die Klasse Spieler bearbeiten wollte (Schüler E und Schüler B).

VI.2.3 Reflexion bezogen auf den Darstellungsschwerpunkt

Die Kursteilnehmer konnten sich den Aufgabenstellungen sowohl spielerisch-experimentell als auch durch planvolles Vorgehen annehmen. Individuelle Lösungswege waren möglich und jedem Schüler wurde weitestgehend Raum für die von ihm benötigte Denkzeit gelassen. Den Unterschieden im Leistungsvermögen konnte der Unterricht durch Differenzierungen bei den Aufgabenstellungen und kooperatives Lernen gerecht werden.

Die Beobachtungen in der letzten Stunde der Einarbeitungsphase zeigten mir, dass das Standup-Meeting ein starkes Mittel ist, um Teamgeist herzustellen bzw. zu fördern und die Schüler offenkundig zu aktivieren. Es lässt sich kaum bestimmen, welche Faktoren im Einzelnen welchen Beitrag dazu leisteten. Allein das gemeinsame Hinstellen im Kreis ist ja bereits – im wahrsten Sinne – eine Aktivität, wie sie zudem im normalen Unterrichtsalltag kaum vorkommt. Die Besprechung innerhalb des geschlossenen Kreises, der wieder aufgelöst wird, sobald einvernehmliche Zielstellungen verabredet wurden, könnte ein wesentlicher Gesichtspunkt sein. Nicht unerheblich dürfte sich dabei auf das Verhalten der Schüler auswirken, dass einerseits jeder individuell verantwortlich ist, andererseits aber nur innerhalb der Gruppe, nicht gegenüber dem Lehrer. Eine wichtige Rolle spielt aber zweifellos auch die konkrete Personenkonstellation.

Aus den geschilderten Erfahrungen heraus ist zu überlegen, ob es nicht günstiger gewesen wäre, die XP-Einführung doch an den Anfang der Unterrichtsreihe zu stellen sowie die Erkundungs- und Experimentierstunden explizit als Bestandteil von XP (Spike Solutions) auszuweisen und durchzuführen. Die positiven Effekte der allein durch das Standup-Meeting entstandenen, allgemeinen Arbeitsatmosphäre hätten dann möglicher Weise schon früher ihre Wirkung zeigen und auch die weniger motivierten Schüler von Beginn an ins Boot holen können.

VI.3. Projektphase – Anforderungsanalyse und Modellentwurf (7. Stunde)
VI.3.1 Ziele

Die Zielstellung der Unterrichtsstunde war etwas ambivalent. Auf der einen Seite sollten die Schüler nunmehr in die eigentliche Phase der Selbständigkeit und des verantwortungs-vollen Handelns eintreten. Auf der anderen Seite betrachtete ich die Arbeit mit den CRC-Karten als äußerst wichtig, da sie entscheidende Weichen für die nachfolgenden Schritte stellt, sodass ich dem Kurs mit dem Beispiel für eine CRC-Karte (für eine Klasse aus dem

Einstiegsszenario) eine formale Orientierung an die Hand gab, durch die ein prinzipiell sehr enger Korridor abgesteckt wurde.

Wichtig war, dass die Schüler ihre Ergebnisse der letzten Stunde überprüften und überarbeiteten. Insbesondere mussten jetzt wesentliche Teilanforderungen festgeschrieben und diese den richtigen Klassen zugeordnet werden. Um die Stunde in sich abgeschlossen zu gestalten, sollten die CRC-Karten am Ende von ihren Verantwortlichen präsentiert und anschließend gemeinsam diskutiert werden.

VI.3.2 Darstellung und Analyse

Auch die erste Stunde der Projektphase begann für mich mit einer positiven Überraschung. Ich hatte erwartet, dass sich der Kurs nur unwillig mit den CRC-Karten auseinandersetzen und lieber gleich damit beginnen will, Quelltext zu schreiben. Doch schon vor Stundenbeginn hatten die Schüler ihre Verabredungen aus der vorangegangenen Stunde bestätigt. Das zweite Standup-Meeting gestaltete sich dabei ziemlich informell – mit Pausenbrot, Trinkflasche und lockeren Sprüchen; die Motivation war ungebrochen. Der Kurs begann uneingeschränkt entschlossen, sich mit den Anforderungen an CRC-Karten auseinanderzusetzen.

Die Erarbeitung der Karten selbst verlief allerdings sehr unterschiedlich. Während das Paar „Gegner" (Schüler G, Schüler F) akribisch versuchte, sich – selbst in einzelnen Formulierungen – an meine CRC-Kartenvorlage zu halten (Abb. 3), arbeitete die Dreiergruppe „Spieler" äußerst ungenau (Abb. 4).

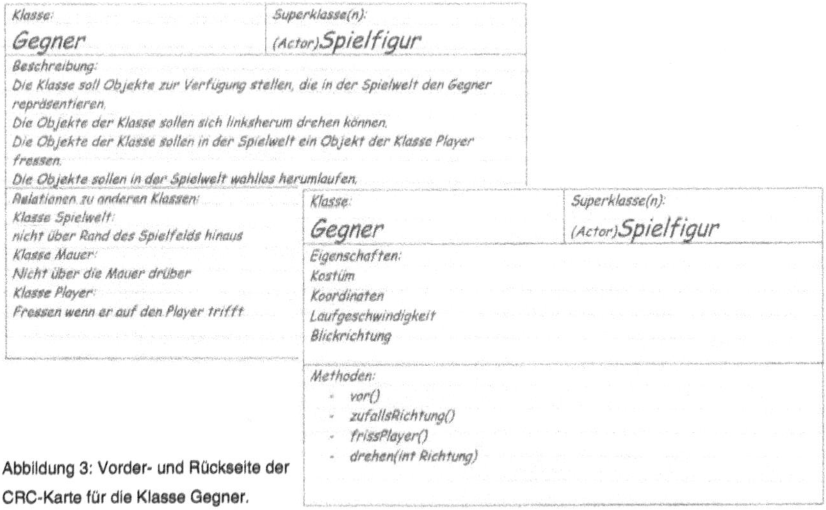

Klasse:	Superklasse(n):
Gegner	(Actor)*Spielfigur*

Beschreibung:
Die Klasse soll Objekte zur Verfügung stellen, die in der Spielwelt den Gegner repräsentieren.
Die Objekte der Klasse sollen sich linksherum drehen können.
Die Objekte der Klasse sollen in der Spielwelt ein Objekt der Klasse Player fressen.
Die Objekte sollen in der Spielwelt wahllos herumlaufen.

Relationen zu anderen Klassen:
Klasse Spielwelt:
nicht über Rand des Spielfelds hinaus
Klasse Mauer:
Nicht über die Mauer drüber
Klasse Player:
Fressen wenn er auf den Player trifft

Klasse:	Superklasse(n):
Gegner	(Actor)*Spielfigur*

Eigenschaften:
Kostüm
Koordinaten
Laufgeschwindigkeit
Blickrichtung

Methoden:
- *vor()*
- *zufallsRichtung()*
- *frissPlayer()*
- *drehen(int Richtung)*

Abbildung 3: Vorder- und Rückseite der CRC-Karte für die Klasse Gegner.

Die Vorderseite mit der allgemeinen Beschreibung der Anforderungen der Klasse und den Relationen zu anderen Klassen fehlte bei ihnen komplett. Stattdessen hatten sie Features, einfallsreiche Methodennamen, ein grafische Darstellung der Objekte als Basketball ersonnen, die Klasse kurzerhand in „Player" umbenannt. Sie hatten aber auch unsinnige (ausLabyrinth()) bzw. sich überschneidende Methoden (z. B. ueberpruefetaste(), folgeTastenbefehl()) erfasst. An dieser Stelle wurde mir klar, dass ich mir bisher zu wenig Gedanken über die Umsetzung der in XP geforderten Einfachheit gemacht hatte. Die Gruppe hatte mit ihrem vorläufigen Ergebnis bewiesen, wie wesentlich dieser Aspekt ist. Ich habe dann die Rolle des Kunden bzw. Auftraggebers eingenommen und die Gruppe in Anbetracht der Projektlaufzeit darauf gedrängt, sich auf die wesentlichen Anforderungen zu konzentrieren. Sie sahen sich zunächst nicht in der Lage, Methoden wegzustreichen, ich wollte ihnen aber auch keine explizite Vorgaben machen. Daher baten wir in der Diskussion, die anderen Paare mitzuentscheiden, was wirklich benötigt wird und was nicht. Hier konnten vor allem Schüler G und Schüler F helfen, da ihre Klasse „Gegner" recht ähnliche Anforderungen zu erfüllen hatte.

Klasse:	Superklasse(n):
Player	*(Actor/Spielfigur/)* coubee
Eigenschaften: - *muss Tastenbefehle befolgen* - *Kostüm Ballform* *Koordinaten* - *Laufgeschwindigkeit schneller je nach Levelhöhe* - *Blickrichtung alle 4 Richtungen*	
Methoden: - *vor()* - *linksUm()* - *findePunkt()* - *ausLabyrinth()* - *loeschePunkt()* - *addXZuScore()* - *ueberpruefetaste()*	- *folgeTastenbefehl()* - *stirb()* - *allePunkteStop()* - *levelUp()*

Abbildung 4: CRC-Karte für die Klasse Player (Zwischenergebnis).

VI.3.3 Reflexion bezogen auf den Darstellungsschwerpunkt

Mit der eigenständigen Durchführung des Standup-Meetings bestimmten die Schüler das Unterrichtsgeschehen zu Beginn komplett selbst. Auch der Übergang in die Erarbeitungsphase und das Zusammenfinden zu Paaren erfolgte ohne die Notwendigkeit einer Lehrersteuerung. Die Schüler handelten in dieser Phase zielorientiert und trafen eigenständig ihre Entscheidungen. Auch in seiner zweiten Auflage konnte damit für das Standup-Meeting eine uneingeschränkt positive Bilanz gezogen werden.

Bei der Arbeit mit den CRC-Karten wurde viel miteinander gesprochen, was im Sinne der beabsichtigten Schüleraktivität positiv zu werten ist. Es hat sich jedoch auch gezeigt, dass Schüler mit größerem Durchsetzungswillen und -vermögen den Arbeitsprozess und das Ergebnis maßgeblich beeinflussen können, auch negativ. So verdankte die Dreiergruppe „Spieler/Player" ihr fantasiereiches Zwischenergebnis ihrer Gruppenzusammensetzung (bestehend aus einer verspielten Begeisterung von Schüler E und einer eher trägen, grundsätzlichen Zustimmungsbereitschaft von Schüler D und Schüler B). Zu überlegen ist daher, wie erreicht werden kann, dass sich alle Schüler am Modellierungs- und Entwurfsprozess uneingeschränkt beteiligen (können). Denkbar wäre hier, eine Methode wie das Placemateverfahren zum Einsatz zu bringen, denn hier wird zunächst nicht gesprochen. Stattdessen schreibt jeder etwas nieder, im Anschluss wird in der Gruppe diskutiert und es entsteht tatsächlich ein gemeinsames Ergebnis. Damit würden Kreativität und individuelle Denkzeitzeiten zugelassen und zugleich schüleraktive Entscheidungsprozesse ausgelöst.

Durch die Intervention des Lehrers in seiner Rolle als Kunde und die Diskussion im gesamten Team konnten im angeführten Fall noch Änderungen herbeigeführt werden. Positiv ist diese Situation insofern zu werten, dass durch die offene Gestaltung des Unterrichtsarrangements zuvor „Fehler" zugelassen wurden, die anschließend als Ausgangspunkt für Überarbeitungsschritte genutzt werden konnten und damit die Lernprozesse unterstützten. Die Diskussion wurde zwar durch den Lehrer initiiert und auch deren Richtung vorgegeben, ihre Durchführung und ihr Abschluss oblag jedoch allein den Schülern. Auf diese Weise konnten die Schüler selbst Verantwortung übernehmen und Ergebnisse untereinander aushandeln.

Offen ist noch die Frage, wie man den Gesichtspunkt der Einfachheit erreichen kann. Wahrscheinlich müsste den Schülern hier noch stärker bewusst gemacht werden, dass sie tatsächlich zu einem festen Zeitpunkt ein lauffähiges Produkt abliefern müssen. Sie müssten sich noch viel mehr in einer Position befinden, in der sie überlegen müssen, was überhaupt zu schaffen ist, um dann zu beginnen, Ressourcen (Zuarbeit) oder Mindestanforderungen auszuhandeln. Da den Schülern bei dieser allerersten Begegnung mit dem Thema Programmierung jedoch noch jegliche Erfahrung fehlte – auch die vorgeschalteten Spikes konnten hier wohl kaum Abhilfe leisten – sollte dieser Aspekt zu einem späteren Zeitpunkt (Softwareprojekt im 2. Kursjahr) mit in den Vordergrund rücken. Zudem sollte überlegt werden, ob es nicht doch sinnvoller gewesen wäre, den CRC-Karten das Verfassen von Storycards voranzustellen, da hier bereits eine Vorauswahl getroffen und damit ein inhaltlicher Rahmen abgesteckt worden wäre. Die Storycards haben ja gerade das Ziel, den Aushandlungsprozess zwischen Kunde (Lehrer) und Entwickler (Schüler) zu unterstützen und zu dokumentieren.

VI.4 Spielentwicklung (8. - 10. Stunde)

VI.4.1 Ziele

Die Stunden 8 - 10 und 11/12 sollten den Schwerpunkt der Unterrichtsreihe bilden, da die Schüler hier eigenständig konkrete Abläufe modellieren, ihre Entwürfe überprüfen und gegebenenfalls revidieren sowie durch Implementation ihrer Algorithmen zu lauffähigen Versionen gelangen sollten. Die Zusammenarbeit stand dabei im Vordergrund, durch das Arbeiten in Paaren sollten sie verstärkt Wissen und Kenntnisse untereinander austauschen, gegenseitig von ihren jeweiligen Fähigkeiten profitieren und auf diese Weise zu neuen Erkenntnissen und Einsichten gelangen. Für die Motivation erhoffte ich mir außerdem neuen Antrieb, nicht nur weil aus Schülersicht konkretere Ergebnisse (Programmfragmente) zustande kommen sollten, sondern auch weil diese Bestandteile eines Teamprodukt sein würden und damit ähnliche Auswirkungen haben könnten wie das Standup-Meeting.

VI.4.2 Darstellung und Analyse

Besonders charakteristisch war für diese Stunden, dass sie zeitlich sehr schwer zu handhaben waren. Je nach Paarzusammensetzung konnte die Entwicklung und Fertigstellung einer Programmfunktionalität sehr zügig vorangehen oder längere Zeit beanspruchen. Ich versuchte hier insoweit etwas zu steuern, dass ich während der Standup-Meetings bei der Einschätzung von Umfang und Schwierigkeit einiger Anforderungen vereinzelt Hinweise gab. Die Schüler trafen auf der Grundlage ihres Interesses und ihrer Selbsteinschätzung in der Regel eine angemessene Auswahl.

Die erste dieser drei Stunden verlief ganz nach Plan. Die Paare orientierten sich am Einstiegsszenario und legten auf dieser Grundlage die wichtigsten Klassen und erste Methoden bzw. Abläufe an. Die Kommunikation verlief reibungslos und die Grundstimmung war ausgezeichnet. In erster Linie fiel mir die im Vergleich zu sonstigen Stunden deutlich höhere Leistungsbereitschaft und konzentriertere Arbeitsweise von Schüler D und Schüler B auf. Am Ende der Stunde wurden die einzelnen

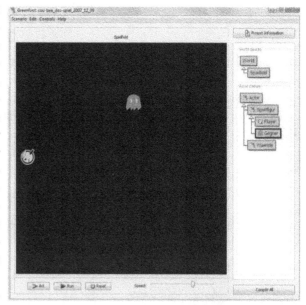

Abbildung 4: Coubee – Das Spiel. Erste Version.

Ergebnisse über den Lehrerrechner integriert, jedes Paar präsentierte stolz, was es erledigt hatte und alle begutachteten mit hohem Interesse die erste Version. Obwohl noch nichts wirklich Großes fertiggestellt war und auch das Labyrinth noch fehlte, äußerten sich die Kursteilnehmer sehr zufrieden.

In der folgenden Doppelstunde ergab sich eine Konstellation leistungshomogener Paarzusammensetzungen. Schüler C und Schüler B kamen gemeinsam nur sehr langsam voran und ich musste häufiger Hilfestellungen leisten. Auf der anderen Seite erledigten Schüler G und Schüler A gleich mehrere Anforderungen so zügig, dass sie sich noch einer weiteren annehmen konnten. Bezogen auf ihr Leistungsvermögen standen allerdings nur noch Anforderungen zur Auswahl, für die sie zusätzliche Instruktionen benötigten. Damit waren also zwei Paare nur begrenzt in der Lage, selbständig zu weiterzuarbeiten. Da die Problemstellungen ganz verschieden angelegt waren, musste ich zwischen den Paaren häufig hin und her springen, die Situation war für alle Beteiligten wenig zufriedenstellend, denn schließlich forderten auch Schüler E und Schüler D hier und da Unterstützung ein.

Jedes Paar hatte natürlich den Anspruch, am Ende der Stunde ein respektables Ergebnis vorzulegen. Sie hängten daher von sich aus noch eine Viertelstunde an das reguläre Stundenende an, was ich als Zeichen ungebrochener Motivation wertete.

VI.4.3 Reflexion bezogen auf den Darstellungsschwerpunkt

Der unterschiedliche Verlauf der beiden in aller Kürze zusammengefassten Stunden verdeutlicht sowohl Möglichkeiten als auch Grenzen bzw. Probleme des Pair-Programmings. Leistungsstarke und leistungsheterogen zusammengesetzte Paare scheinen von dieser Arbeitsform stärker profitieren zu können als homogene Paare, die sich aus leistungsschwächeren Schülern zusammensetzen. Das bezieht sich weniger auf das Produkt, das am Ende steht, sondern vornehmlich auf den Transfer, von dem die Schüler untereinander profitieren sollten. Es ist deswegen zu überlegen, ob man das strikte Prinzip der Rotation aufbrechen sollte. Alternativ zum Rotationsprinzip könnte der Lehrer die Zusammenstellungen vorgeben, was allerdings das Ziel der Schüleraktivität nicht unerheblich untergraben würde, da es sich um einen Eingriff in die Selbstorganisation handelt. In der anderen Möglichkeit, einzelne Konstellationen von vornherein auszuschließen, läge die Gefahr, dass dieses von den Beteiligten als Stigmatisierung wahrgenommen werden könnte.

Gewiss kann die Frage nicht pauschal beantwortet werden und muss nicht zuletzt von der konkreten Konstellation vor Ort abhängig gemacht werden. In der dargestellten Stunde hätte das Problem aber auf ganz andere Weise abgefangen werden können: Trotz der Ausrichtung auf eigenständige Arbeit der Schüler ist bei der Vorbereitung solcher Stunden zu bedenken, dass man den Schülern besser immer zwei als einen Schritt voraus sein muss. Mögliche Schwierigkeiten sind zu analysieren, Voraussetzungen sind herzustellen, die von den Schülern selbst nicht zu leisten sind, und eventuell benötigtes Material muss bereitgehalten werden. Das heißt, jedem Paar wäre wahrscheinlich mit einem jeweils auf sie zugeschnittenen Arbeitsblatt zu helfen gewesen. Positiv an der Stelle war, dass wir uns die Zeit nahmen, offen und gemeinsam über die Stunde zu reflektieren. Als Konsequenz aus dieser Erfahrung beschlossen wir, jeweils am Ende der Stunde die Paare und deren Aufgaben für die kommende Einheit festzulegen.

VI.5 Spielentwicklung: Erweiterung und Optimierung (11. - 12. Stunde)

VI.5.1 Ziele

In den letzten Stunden der Reihe sollte die Spielentwicklung zum Abschluss gebracht werden. Einige Schüler hatten sich das Ziel gesetzt, ihren Familien in den Weihnachtsfeiertagen ein fertiges, spielfähiges Programm präsentieren zu können. Es musste also geprüft werden, was alles noch fehlt bzw. den Anforderungen noch nicht vollständig genügt.

Die wesentlichen Funktionalitätsanforderungen waren bereits umgesetzt, wenn auch teilweise noch verbesserungswürdig. Die Schüler waren bis zu diesem Zeitpunkt weiter vorangekommen, als ich es in der Planung vorgesehen hatte. Das lag zum Teil auch daran, dass sich Schüler G und Schüler F zuhause mit dem Programm weiter beschäftigt hatten. (Die Quelltext-Dateien hatte ich nach jeder Integration in die gemeinsame elektronische Lernumgebung eingestellt, sodass sie von den Schülern auf ihre heimischen Rechner geladen werden konnten.)

Für mich lag das Hauptaugenmerk der letzten beiden Stunden darauf, die Schüler dazu zu bewegen, auch bereits entstandene Ergebnisse auf Verbesserungsmöglichkeiten hin zu überprüfen. Sie sollten erkennen, dass das Hinterfragen und Überarbeiten von Quellcode (in XP als Refactoring bezeichnet) wesentlicher Bestandteil der Programmentwicklung ist. Dieser Aspekt war bisher deutlich zu kurz geraten.

VI.5.2 Darstellung und Analyse

Die Schüler wollten gern noch eine Punkteanzeige im Spielfeld und einen Levelmodus integrieren. Für beides wäre allerdings eine intensivere Auseinandersetzung mit dem Thema Objektorientierung und dessen Umsetzung in *Java* erforderlich gewesen. Nicht nur der zeitliche Rahmen sprach dagegen, ich musste auch davon ausgehen, dass ich die Mehrzahl der Schüler damit inhaltlich überfordern würde. Ich erklärte dem Kurs, dass es einfacher wäre, beispielsweise noch Spielgeräusche hinzuzufügen und dass ich außerdem mit der Bewegung der Gegner noch nicht zufrieden war. Diese machten nach nahezu jedem Schritt eine zufällige Richtungsänderung, was zur Folge hatte, dass sie sich meist nur innerhalb eines sehr kleinen Radius bewegten (Abb. 5). Zudem hatten die Schüler bisher alle Abläufe lediglich innerhalb einer einzigen Methode (`act()`) implementiert. Es wurde nicht nur langsam unübersichtlich, auch die formalen Anforderungen, die durch die CRC-Karten festgelegt worden waren, mussten noch umgesetzt werden.

```
Gegner
Class Edit Tools Options

Compile  Undo  Cut  Copy  Paste  Find  Find Next  Close

import greenfoot.*; // (World, Actor, GreenfootImage, and Greenfoot)

/**
 * Write a description of class Gegner here.
 *
 * @author (Basiskurs Informatik (inb19) des Coubertin-Gymnasiums Berlin)
 * @version 1.0 (7.12.2007)
 */
public class Gegner extends Spielfigur
{

    public Gegner() {
        kostuem1pfad = "pinky1.png";
        kostuem2pfad = "pinky2.png";
    }
    /**
     * Act - do whatever the Gegner wants to do. This method is called whenever
     * the 'Act' or 'Run' button gets pressed in the environment.
     */
    public void act()
    {
        int x;
        int y;
        if(istFrei())
            vor();
        if (Greenfoot.getRandomNumber(10) == 5)
        {
            x = Greenfoot.getRandomNumber(4);
            y = x * 3;
            drehen(y);
        }
    }

} // Ende der Klasse Gegner
```

Abbildung 5: Klasse Gegner (frühe Version).

Wir trafen schließlich die Vereinbarung, dass ich wesentliche Elemente für die Klasse der Punkteanzeige bereitstellen und zusammen mit zwei ausgewählten Schülern den Zugriff auf Objekte dieser Klasse erarbeiten würde. Im Gegenzug sollten Anweisungssequenzen sinnvoll zu Methoden zusammengefasst, das Bewegungsverhalten der Gegner optimiert und eventuell noch Sound hinzugefügt werden.

Da es sich beim Entwickeln einer Bewegungsstratogie um eine deutlich anspruchs-vollere Aufgabe handelte, hielt ich es für angemessener, von XP abzuweichen und, gestützt durch ein gelenktes Unterrichtsgespräch, mit dem gesamten Kurs eine gemeinsame Idee zu entwickeln. Dieses Unterrichtsgespräch erlebte ich nun insofern als etwas Besonderes, da sich Schüler B und Schüler C viel stärker an ihm beteiligten als ich es bisher von ihnen gewohnt war und sie auch entscheidend zur Lösungsfindung beitrugen.

Für die anschließende Umsetzung schlossen sich die Schüler wieder zu Paaren zusam-men. Das Hinzufügen von Sound gelang aus zeitlichen Gründen nicht mehr, auch die Punkt-teanzeige war nur zum Teil fertig. Diese beiden überschaubaren Ergänzungen sollten schließlich noch der ersten Stunde nach den Ferien vorbehalten bleiben. Alles andere war jedoch erledigt geworden (vgl. Abb. 6) und die Schüler beglückwünschten sich untereinander, das Spiel prinzipiell fertiggestellt zu haben.

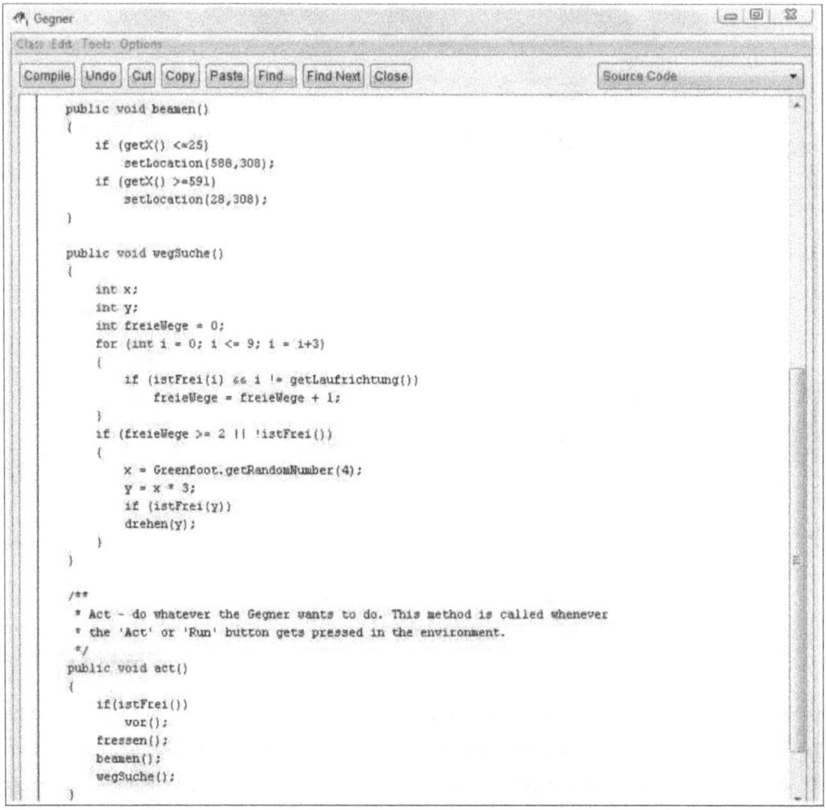

```
public void beamen()
{
    if (getX() <=25)
        setLocation(588,308);
    if (getX() >=591)
        setLocation(28,308);
}

public void wegSuche()
{
    int x;
    int y;
    int freieWege = 0;
    for (int i = 0; i <= 9; i = i+3)
    {
        if (istFrei(i) && i != getLaufrichtung())
            freieWege = freieWege + 1;
    }
    if (freieWege >= 2 || !istFrei())
    {
        x = Greenfoot.getRandomNumber(4);
        y = x * 3;
        if (istFrei(y))
            drehen(y);
    }
}

/**
 * Act - do whatever the Gegner wants to do. This method is called whenever
 * the 'Act' or 'Run' button gets pressed in the environment.
 */
public void act()
{
    if(istFrei())
        vor();
    fressen();
    beamen();
    wegSuche();
}
```

Abbildung 6: Überarbeitete Klasse Gegner (Auszug aus der Endversion).

VI.5.3 Reflexion bezogen auf den Darstellungsschwerpunkt

Zwar entfernten sich die beiden letzten Stunden vom üblichen Schema der vorausgegangenen Unterrichtseinheiten. Aber das Aushandeln einzelner Projekttätigkeiten ist nicht nur Bestandteil eines XP-Projektes, auch wurden die Schüler hierdurch an der Planung des Unterrichts beteiligt. In diesem Sinne war es durchaus sinnvoll, diese Form – wie sie ähnlich auch am Beginn der Projektphase stattfand – noch einmal aufzunehmen und damit einen gewissen Rahmen zu schaffen.

Durch das gelenkte Unterrichtsgespräch wurde das offene Lernarrangement aufgebrochen. Für diesen Schritt spricht, dass innerhalb der begrenzten Zeit ein wichtiges Resultat herbeigeführt werden konnte. Aber er ist natürlich unter dem Aspekt der Schüleraktivität problematisch. Aus meiner Sicht lässt er sich jedoch rechtfertigen, da es sich bezogen auf die gesamte Projektphase um ein einmaliges Vorgehen und eine relativ kurze Phase handelte und nicht zuletzt auch zur abschließenden Zufriedenheit der Schüler beitrug. Darüber hinaus führte er – wenn auch unbeabsichtigt – zu interessanten Beobachtungen hinsichtlich der Leistungsverbesserung einzelner Schüler. Allerdings wäre es gewiss fragwürdig, diesen Punkt verallgemeinern zu wollen.

Die Schüler führten ein Refactoring der letzten Programmversion durch. Dazu mussten sie ihre Ergebnisse selbständig an ihren eigenen Vorgaben messen und dementsprechend

Abbildung 7: Endversion des Spiels.

Entscheidungen treffen. Die Umsetzung dessen war ihnen gut gelungen, allerdings wurde dieser Prozess erst am Ende der Projektphase und durch die Lehrerintervention in Gang gebracht. Das hätte teilweise besser gesteuert werden können, wenn die Schüler vor Projektbeginn Gütekriterien erarbeitet hätten, die dann bei jeder Iteration zur Ergebnisbewertung hätten herangezogen werden können[46]. Aus dieser würden gegebenenfalls – wie bei XP auch – Engineeringcards (das sind neue, auf Überarbeitung abzielende Benutzergeschichten) als Resultat hervorgehen. Dadurch würden die Schüler stärker angehalten, die Leistungsfähigkeit und Effektivität von Programmen bzw. Algorithmen einzuschätzen. Sie würden den Bewertungsprozess selbständig steuern und die resultierenden Arbeitsschritte noch eigenständiger planen.

---

[46] In diesem Zusammenhang hätte womöglich auch eine bessere Auskommentierung der Quelltexte erreicht werden können. Diese (generell bei Schülern sehr unbeliebte) Aufgabe wurde nur ansatzweise erledigt.

V Gesamtreflexion und Ausblick

Im abschließenden Kapitel konzentriere ich mich im Wesentlichen auf die Beantwortung der eingangs formulierten Leitfragen. Hierzu stütze ich mich auf die punktuellen Unterrichtsbeobachtungen, Belege aus den Arbeitsergebnissen (CRC-Karten, Programmquelltexte) und Schülerrückmeldungen, die bereits in Kapitel IV im Einzelnen ausgewertet wurden. Eine zentrale Rolle spielen außerdem die Kriterien aus Kapitel II.1.3. Doch zunächst soll eine knappe Gesamteinschätzung der Unterrichtsreihe erfolgen.

Die geplanten Lehr- und Lernprozesse wurden absolviert und die mit ihnen verbundenen Ziele (siehe Kapitel III.4) bis auf wenige Ausnahmen erreicht. (Zu Letzteren sind die unzureichende Auskommentierung der Quelltexte (Sk$_9$) oder das Vorgehen beim Bewerten der Modelle und Entwürfe (Sk$_5$) zu zählen.) Grundsätzlich scheint der Unterrichtsreihe damit ein tragfähiges Konzept zugrunde zu liegen, das aber auch Verbesserungsmöglichkeiten bereithält. In jedem Fall muss in der anschließenden, ebenfalls der Programmierung gewidmeten, Unterrichtsreihe noch eine Systematisierung der einzelnen informatischen Konzepte vorgenommen werden. Das gilt um so mehr, da sich die konkreten Aufgabenstellungen der durchgeführten Unterrichtsreihe, so unterschiedlich sie im Einzelnen waren, doch nur auf immer ein und dasselbe übergeordnete Problem bezogen. Es muss noch sichergestellt werden, dass die dahinter stehenden Konzepte tatsächlich verstanden wurden und auch auf anders gelagerte Problemstellungen übertragen werden können. Eine Planungsalternative für die durchgeführte Reihe könnte angesichts ihrer überschaubaren Stundenanzahl (immerhin ist eine Projektphase enthalten) sein, zwei bis drei Systematisierungsstunden zusätzlich mit einzuplanen. Diese könnten sich, um den Ablauf der Projektphase nicht in störender Weise zu unterbrechen, unmittelbar der Einarbeitungsphase anschließen, dann jedoch nur auf die bis dahin erarbeiteten Lerninhalte beziehen.

Die methodischen Überlegungen haben sich aus meiner Sicht ebenfalls bewährt. Mit dieser Reihe zur Einführung in die Programmierung, die sich an das methodische Vorgehen von Softwareentwicklungsprojekten anlehnte, konnten die Schüler ganzheitlich und motivierend erleben, was Programmieren bedeutet. Sie haben sich nahezu vollständig aus eigenem Antrieb, gemeinsam und sogar außerhalb der regulären Unterrichtszeit mit zentralen Lerninhalten des Informatikunterrichts auseinandergesetzt. Dieser Punkt berührt mich nach wie vor besonders. Insgesamt bestätigten sich die mehrheitlich positiven Erfahrungen, die bereits Lippert u.a. bei der Durchführung eines Grundstudiumspraktikums, also bei fortgeschrittenen Programmierern, gemacht haben.[47] Ihre zentrale Feststellung, dass die Studierenden zwar weniger Technologien als im traditionellen Praktikum gelernt hatten, letztlich aber ein größerer Lerneffekt erzielt werden konnte, weil sie in die Lage versetzt wurden, sich die fehlenden Technologien selbst anzueignen, lässt sich auch auf die Erfahrungen der Unterrichtsreihe übertragen. Der Einsatz von XP, und damit komme ich zur

---

[47] Vgl. [Lip01].

45

Beantwortung der Leitfrage L4, scheint also für Programmieranfänger ebenso gut geeignet zu sein wie für Fortgeschrittene.

Gibt es Ergebnisse oder Beobachtungen, deren Zustandekommen nur durch XP gewährleistet werden konnte (L2)? Nein, denn die meisten der einzelnen Vorgehensweisen von XP sind – jede für sich – nicht neu, weder in der Softwareentwicklung noch im Informatikunterricht. Ja, der Vorteil und die Argumente für XP ergeben sich aus der Einbettung der einzelnen Elemente in ein Gesamtkonzept. Der ganzheitliche Ansatz und die Schwerpunktverschiebung in Richtung verantwortungsvollen und selbstbestimmten Handelns auf Seiten der Schüler schaffen ein einzigartiges Lernarrangement. Natürlich hätte auch auf anderen Wegen dasselbe Computerspiel programmiert werden können, fraglich ist jedoch, ob dieselben Lernergebnisse und Seiteneffekte hätten erzielt werden können. So hat das XP-Projekt nicht zuletzt auch das Lern- und Arbeitsklima im Kurs merklich verbessert.

Mit der nachstehenden Tabelle soll der Zusammenhang zwischen eingesetzten XP-Methoden und erzielter Schüleraktivität (L1) verdeutlicht werden, wie er sich aus den den Unterrichtsbeobachtungen erschließen lässt. Aus dieser Darstellung ist natürlich nicht ersichtlich, in welchem Ausmaß die einzelnen Kriterien jeweils abgedeckt wurden.

XP-Vorgehensweisen / Kriterien für Schüleraktivität	Standup-Meeting	System-metapher	CRC-Karten	Pair Programming/ Rotation	Einfachheit	Kontinuierliche Integration	Gemeinsame Verantwortlichkeit	Refactoring
Motivierung	x					x		
Anbindung an Lebenswelt der Schüler								
Beteiligung an Unterrichtskonzeption	x	x	x				x	
Gemeinsame Vereinbarung eines Handlungsprodukts	x	x	x					
Konkrete, anschauliche Problemstellungen			x	x	x			x
Entdeckendes Problemlösen			x	x	x			x
Offenes Lernarrangement			x	x	x		x	x
Entscheidungssituationen	x		x	x	x		x	x
Aktivitäten der Zusammenarbeit	x		x	x	x	x	x	x
Individuelle Denkzeiten							x	

Bemerkenswert ist, dass durch die meisten Vorgehensweisen eine Vielzahl von Kriterien erfüllt werden konnten. Die Systemmetapher und die kontinuierliche Integration fallen hier heraus, stellen aus meiner Sicht aber wichtige Bindeglieder dar und sind deswegen nicht weniger wichtig.

Zwei Kriterien sind unterrepräsentiert, eines wurde überhaupt nicht erfüllt. Zur Motivation konnte hinreichend dargelegt werden, dass es an solcher nicht mangelte. Welche Faktoren hier welchen Beitrag geleistet haben, lässt sich schwerlich auseinander differenzieren. Nicht alles ist auf XP zurückzuführen. So dürfte z. B. auch die Auswahl des Werkzeugs eine nicht unerhebliche Rolle gespielt haben. Eine stärkere Gewichtung des Aspekts der gemeinsamen Verantwortlichkeit könnte sich allerdings noch zusätzlich motivierend auswirken.

Individuelle Denkzeiten wurden vor allem in der Einarbeitungsphase ermöglicht. Wie schon in Kapitel IV.3.3 angeführt, könnten Ansätze wie das Placemateverfahren auch in der Projektphase entsprechende Freiräume bereitstellen. In Verbindung mit den Aspekten gemeinsame Verantwortlichkeit und Refactoring könnten nachbereitende Hausaufgaben zusätzliche Möglichkeiten schaffen, dieses Kriterium zu erfüllen.

Verknüpfungen zur Alltagswelt und zum Erfahrungsbereich der Schüler lassen sich – das ist keine neue Erkenntnis – kaum methodisch, sondern vornehmlich durch die Auswahl geeigneter Themen herbeiführen. Daher stellt die leere Zeile in der Tabelle keine Überraschung dar.

Welche Einschränkungen sind zu berücksichtigen und welche Abwandelungen sind für den Unterricht sinnvoll (L3)? Die wichtigsten Planungsalternativen sind aus meiner Sicht schon angeführt worden. Einige Aspekte sind jedoch noch offen, auf die ich in aller Kürze eingehen möchte.

In der gemeinsamen Auswertung der Unterrichtsreihe bemängelten Schüler, dass auf den im Rahmen des Pair-Programming vereinbarten 10-Minuten-Wechsel am Rechner nicht ausreichend geachtet wurde. Hier wünschten sie sich eine stärkere Einflussnahme von außen. Denkbar wäre die Verwendung eines Kurzzeitweckers.

In großen Lerngruppen sollten heterogen zusammengesetzte Teams gebildet werden, eine Teamstärke von sechs bis acht Schülern sollte optimal sein. Inwieweit es günstiger ist, mit jedem Team dasselbe oder aber unterschiedliche Handlungsprodukte zu vereinbaren, soll angesichts des begrenzten Rahmens an dieser Stelle nicht diskutiert werden.

Das Unterrichtsbeispiel mit den CRC-Karten zeigte, jeder Schüler denkt und handelt anders. Wie kann man im Rahmen eines an XP angelehnten Unterrichtsprojektes Schülern Raum für ihre Kreativität geben? Ich denke, zunächst sollte man Kreativität zulassen und auch ernst nehmen. Sie kann zu Diskussionen und Anregungen führen, muss im Sinne einer Zielorientierung aber auch bewertet und entsprechend eingeordnet, d. h. hier und da zurückgestellt werden.

Eine wichtige Erkenntnis ist, dass auch Storycards und Engineeringcards aufgenommen werden sollten. Um der Gefahr der Unübersichtlichkeit entgegenzutreten, sollten diese Karten nicht eingespart, sondern die räumlichen Gegebenheiten, soweit es möglich ist, ausgenutzt werden. In diesem Zusammenhang kann es dann für den Lehrer auch einfacher sein, die Rolle des Kunden ausdrücklicher und konsequenter zu spielen und einzuhalten.

Der konkrete Verlauf eines XP-Projektes ist nicht in allen Einzelheiten vorauszuplanen, das widerspräche seinem Wesen. Das stellt eine umso höhere Herausforderung an den Lehrer dar, je umfangreicher und anspruchsvoller das Projekt ist. Denn er muss im Prinzip jederzeit auf alle etwaigen Fragen und Probleme vorbereitet sein.

XP ist ungewöhnlich und erfordert wie alles Neue Mut. Es verlangt aber viel weniger nach einer mutigen als nach einer disziplinierten Umsetzung auf Seiten aller Beteiligten. Das Besondere ist jedoch, dass es sich dabei um keine von außen auferlegte Disziplin, sondern um Selbstdisziplin handelt. Die Nähe und der Zusammenhang von XP und selbstreguliertem Lernen wird damit ein weiteres Mal offenbar. Mit dieser abschließenden Erkenntnis möchte ich für die Adaption von XP zur Steigerung der Schüleraktivität im Informatikunterricht plädieren oder anders – mit Augenzwinkern – gesagt: Ja zu Extreme Learning!

VI Literaturverzeichnis

- [Beck03]: Beck, K.: Extreme Programming. Die revolutionäre Methode für Softwareentwicklung in kleinen Teams. München 2003.
- [BeCu89]: Beck, K./ Cunningham, W.: A Laboratory For Teaching Object-Oriented Thinking. Paper zur OOPSLA-Konferenz 1989, New Orleans. URL: http://c2.com/doc/oopsla89/paper.html. Letzter Zugriff: 28.12.2007.
- [Boh84]: Bohnsack, F./ Bohnsack, L./ Möller, E./ Schön, H./ Schürmann, G./ Wenzel, H./ Wesemann, M.: Schüleraktiver Unterricht. Möglichkeiten und Grenzen der Überwindung von „Schulmüdigkeit" im Alltagsunterricht. Weinheim/ Basel 1984.
- [BrüS06]: Brüning, L./ Saum, T.: Erfolgreich unterrichten durch Kooperatives Lernen. Strategien zur Schüleraktivierung. Essen 2006.
- [DoH04]: Dornberger, R./ Habegger, T.: Extreme Programming. Eine Übersicht und Bewertung. Olten 2004. Hier URL: http://www.hsw.fhso.ch/wache/lectures/ss2007/swm/background/SWE2_ExtremeProgramming.pdf. Letzter Zugriff: 28.12.2007.
- [Gel98]: Gellesch, U.: Einführung in die Arbeit mit CRC-Cards. Vortrag auf der VFP-Konferenz 1998. URL: http://www.dfpug.de/konf/konf_1998/index.htm. Letzter Zugriff: 28.12.2007.
- [Har07]: Hartmann, W./ Näf, M./ Reichert, R.: Informatikunterricht planen und durchführen. Berlin/ Heidelberg 2007.
- [Hub04]: Hubwieser, P.: Didaktik der Informatik. Grundlagen, Konzepte, Beispiele. Berlin/ Heidelberg [2]2004.
- [Jür03]: Jürgens, E.: Schüleraktive Unterrichtsformen. Modelle und Praxisbeispiele für erfolgreiches Lehren und Lernen. München 2003.
- [KoeP93]: Koerber, B./ Peters, I.-R.: Planungsstrukturen bei größeren Unterrichtsvorhaben. Theorie und Praxis der Planung informatischer Bildungsprozesse bei komplexen Problemlösungen. In: Login 13 (1993) Heft 6. Hier URL: http://www.log-in-verlag.de/wwwredlogin/Archiv/1993/6/planungsstrukturen.html. Letzter Zugriff: 6.01.2008.
- [Lip01]: Lippert, M./ Roock, S./ Wolf, H./ Züllighoven, H.: XP lehren und lernen. In: Lichter, H./ Glinz, M. (Hrsg.): Software Engineering im Unterricht der Hochschulen/SEUH Zürich 2001. Heidelberg 2001, S. 1-8.
- [Mey87]: Meyer, H.: Unterrichtsmethoden. 2. Praxisband. Berlin 1987.
- [Mey94]: Meyer, H.: Unterrichtsmethoden. 1. Theorieband. Berlin [6]1994.
- [SenBJS06a]: Senatsverwaltung für Bildung, Jugend und Sport Berlin: Rahmenlehrplan für die Sekundarstufe I ITG/Informatik (Wahlpflichtfach). Berlin 2006.
- [SenBJS06b]: Senatsverwaltung für Bildung, Jugend und Sport Berlin: Rahmenlehrplan für die gymnasiale Oberstufe Informatik. Berlin 2006.

- [Wei05]: Weigend, M.: Extreme Programming im Klassenraum. Papier zum Workshop „Extreme Programming mit Python" auf der INFOS am 29.9.2005 in Dresden. URL: http://voss.fernuni-hagen.de/import/schulinformatik/xp_weigend.pdf. Letzter Zugriff: 28.12.2007.

- [Wes01]: Westphal, F.: Extreme Programming. 2001. URL: http://www.frankwestphal.de/ExtremeProgramming.html. Letzter Zugriff: 8.01.2008.

- [WeF05]: Westphal, F./ Freese, T.: Pragmatisches Extrem-Programmieren. In: InfoWeekOnline 9/2005. URL: http://www.infoweek.ch/archive/ar_single.cfm?ar_id=15075&ar_subid=2&sid=0. Letzter Zugriff: 16.10.2007.

Quellen ohne Autor:

- [Agi08]: Agile Softwareentwicklung. In: Wikipedia, Die freie Enzyklopädie. Bearbeitungsstand/Version: 3.01.2008, 17:45 UTC. URL: http://de.wikipedia.org/w/index.php?title=Agile_Softwareentwicklung&oldid=40742666. Letzter Zugriff: 8.01.2008.

- [CRC07]: Class-Responsibility-Collaboration-Karten. In: Wikipedia, Die freie Enzyklopädie. Bearbeitungsstand/Version: 14.12.2007, 11:57 UTC. URL: http://de.wikipedia.org/w/index.php?title=Class-Responsibility-Collaboration-Karten&oldid=40048884. Letzter Zugriff: 8.01.2008.

- [Ext08]: Extreme Programming. In: Wikipedia, Die freie Enzyklopädie. Bearbeitungsstand/Version: 2.01.2008, 11:50 UTC. URL: http://de.wikipedia.org/w/index.php?title=Extreme_Programming&oldid=40688472. Letzter Zugriff: 8.01.2008.

- [FSDe07]: Fachseminare Deutsch/1. SPS Reinickendorf (S): Vorschlag für ein Beispiel zur Planung von Unterricht im Fach Deutsch auf Basis der neuen kompetenzorientierten Rahmenlehrpläne. Berlin 2007 (Interne Handreichung; Veröffentlichung nicht bekannt).